LA
FRANCE D'AFRIQUE.

« Après dix ans de persévé ance dans
» de sages mesures, la France aura
» ajouté vingt départemen‘s à son
» territoire. »

DU MODE D'ALIÉNATION
DES TERRES DE COLONISATION
EN ALGÉRIE,

Par JULES TOUZET

ALGER.
CHEZ LES PRINCIPAUX LIBRAIRES.

1856.

DU MODE D'ALIÉNATION

DES TERRES DE COLONISATION

EN ALGÉRIE.

TABLE DES MATIÈRES

Alger. — Typ. DELAVIGNE.

DU MODE D'ALIÉNATION
DES TERRES DE COLONISATION
EN ALGÉRIE.

Nous dirons aussi notre mot sur cette question importante ; car ce qui en a été dit dans diverses publications ne nous satisfait pas complètement ; et les intentions attribuées à l'Administration ne répondent nullement à notre longue attente et aux espérances qu'on nous avait fait concevoir. En ce moment, l'Algérie est dans une de ces situations solennelles dont l'issue décidera, en bien ou en mal, de sa prospérité. L'éveil est donné, la discussion appelée sur une question qui renferme dans ses replis tous les divers degrés de progrès. Que l'on y regarde avec attention, car de la solution résulteront ou la langueur et la demi-barbarie actuelles, ou la prospérité rapide et une brillante civilisation. Il est vrai que toute mesure imparfaite peut être modifiée ; mais il est vrai aussi que toute mesure imparfaite offre des raisons spécieuses qui l'accréditent, s'attache des intéressés de vanité ou d'argent qui la soutiennent : il faut alors qu'une nouvelle expérience et une expérience de longues années vienne en démontrer l'infirmité d'une manière évidente. Or, des années de marasme, ce sont bien des millions dépensés par la Métropole, bien des déceptions pour les émigrants, bien des revers pour les Colons ; et nous voudrions bien qu'on nous épargnât encore cette longue épreuve. Nous sommes sans inquiétude pour l'avenir de nos arrière-petits-enfants; alors, malgré tous les obstacles, l'Algérie aura développé sa prospérité et pris son rang; alors, elle n'aura plus rien à envier aux pays du monde les plus civilisés. Mais nous, qui sommes venus ici pour engager la lutte contre une terre inculte et un climat dégénéré, nous n'avons pas prétendu faire l'héroïque sacrifice de notre existence à un avenir trop lointain; nous voudrions bien voir aussi lever l'aurore de ce beau jour et réjouir nos peines à l'éclat bienfaisant de ses rayons.

Pauvres Colons, qui de vous ne s'est emparé, plein d'ardeur, de ces riches terres d'Afrique. L'espérance vous soutenait contre la fatigue, contre la misère, contre la maladie; vous voyiez dans vos rêves l'émigration courir à votre exemple sur cette riche proie, se disputer et défricher avec empressement les terres incultes qui vous environnaient : « Je souffrirai quelque temps, disiez-vous; mais dans dix ans mes terres vaudront une fortune, la fièvre aura disparu, ma vieillesse sera aisée et mes enfants seront riches. » Mais l'inculture règne encore autour de vous; et, comme conséquence, la fièvre persiste, vos terres sont sans valeur; et en attendant le jour de vos rêves qui fuit sans cesse, chaque heure est jalonnée par un de vos désastres. Pourquoi cela? parce que le régime appliqué à la Colonisation s'oppose au développement de l'émigration, favorise l'inculture, restreint ou interdit les transactions immobilières, et arrête sur presque tous les points l'élan de l'activité individuelle.

Tous les Gouvernements ont été pleins de bienveillance pour ce pays. Chacun a voulu y élever un monument impérissable de sa gloire. Chacun a dit : « Là est la place d'une grande nation, et c'est moi qui la ferai surgir. » Mais la bonne volonté des Gouvernements a échoué devant quel obstacle? Dirons-nous le mauvais vouloir systématique de quelques corps et de quelques hommes? Dieu nous garde d'une pareille injustice trop souvent formulée! — Nous dirons plutôt que l'écueil est venu de l'excès de bonne volonté de tous les agents importants. De même que leur Gouvernement, beaucoup ont voulu acquérir une honorable renommée en attachant leur nom à la grande œuvre de la Colonisation de l'Algérie. Mais, en général, ils ont considéré cette entreprise du point de vue de leurs occupations spéciales. De là, cette foule de systèmes si variés. De là, ces épouvantails dressés à chaque pas par des écrivains qui exagéraient, au profit de leur conclusion, les difficultés de la situation. De là, enfin, ces indécisions de l'opinion publique, ces tâtonnements du Gouvernement, ces essais variés et coûteux qui ont tour à tour démontré leur impuissance et qui ont mis en grand retard l'œuvre de la Colonisation.

Mais, heureusement, le temps paraît venu où ces inventions laborieuses ont perdu presque tout crédit. On incline vers les idées simples, vers les pratiques rationnelles, vers les procédés qui sont d'application presque universelle et qui dérivent immédiatement des principes les mieux fondés du droit public. C'est donc le moment pour tous d'intervenir dans le débat, soit par la parole, soit par les écrits : unissons nos efforts, et, s'il plaît à Dieu, la vérité se fera jour et reléguera dans les archives ces institutions impuissantes.

Il paraît décidé qu'à l'avenir la vente publique fera partie du système d'aliénation des terres de Colonisation. Mais, s'il faut en croire les renseignements qui ont crédit dans le public et les explications d'un journal ordinairement bien informé, cette modification ne s'appliquerait qu'à des cas restreints, et le système, actuellement en vigueur, des concessions de gré à gré, continuerait à être la règle générale.

C'est cette dernière disposition que nous trouvons fâcheuse. Nous croyons que le système des concessions doit être abandonné sans retour et nous essaierons de l'examiner avec toute l'attention que mérite un pareil sujet.

DU SYSTÈME DES CONCESSIONS DE GRÉ A GRÉ.

Autour de quelques villes d'Algérie et dans un rayon restreint, les propriétés appartenaient autrefois aux Maures des villes ; elles étaient tout à fait soustraites au régime semi-communautaire des tribus, formaient l'héritage distinct d'un individu ou d'une famille, et représentaient, en un mot, assez bien la constitution de la propriété en Europe. Leur étendue était d'ordinaire assez restreinte, leurs limites parfaitement tracées par des haies vives : sur la plupart était édifiée une maison mauresque. Ces territoires furent, peu de temps après la conquête, attribués à la juridiction civile en matière de propriété ; les transactions entre particuliers furent libres, les contestations réglées par les tribunaux compétents et les lois des intéressés. Bien des procès surgirent de ces transactions vu la confusion des titres et l'indivision habituelle dans les familles indigènes. Ce n'était donc pas sans danger qu'on cherchait à acquérir ces terres. Mais les transactions étaient libres, la Colonisation soustraite à la permission préalable de l'Administration ; aussi l'industrie européenne se jeta-t-elle avec ardeur sur ces territoires qui sont aujourd'hui couverts de villas et de très bonnes exploitations, et qui, malgré leur faible étendue, forment encore l'appoint le plus important de la Colonisation. Dans ces territoires, le Domaine de l'Etat eût peu de terres à revendiquer, et il les vendit d'ordinaire sans autre condition que le paiement du prix de vente.

Au delà de ces banlieues, s'étend le pays arabe, vaste, peu peuplé, en grande partie inculte. Des tribus, ou fractions de tribus, étaient éparses sur ces territoires et en jouissaient ; une petite partie était cultivée ; le reste, broussailles et pacages, servait au parcours des troupeaux. Ici l'intervention de l'Etat était nécessaire ; il fallait la décision de l'autorité souveraine pour trancher les difficultés, pour ouvrir la brèche à l'industrie européenne qui, sans cela, fut parvenue difficilement à se faire une place, arrêtée à chaqne pas par la législation indigène et par la constitution compliquée et incertaine de la propriété. L'Etat, donc, pénétrant successivement dans chaque haouch ou ferme, dans chaque douar ou fraction de tribu, examine les titres de chacun; et, soit en reconnaissance de ses droits, soit par égard pour un usufruit ancien, soit enfin à titre de concession, attribue définitivement à chaque Indigène sa part personnelle dans les terres du douar ; cette part est d'ordinaire celle que l'usufruitier a toujours cultivée et qui suffit à l'existence de sa famille. Dès lors, ces terres indigènes sont franches et accessibles par les transactions libres à l'industrie européenne.

De cet examen des titres il ressort d'ordinaire des droits très incertains pour les Indigènes, en sorte que l'Etat, transigeant avec eux et les payant, soit en assurant leurs titres invalides, soit par quelque indemnité pécuniaire, s'approprie une partie du territoire du douar et notamment les terres communes et incultes. Ce sont là les terres que nous appelons terres de Colonisation et qui sont, en effet, distribuées aux Colons européens. Ces terres de Colonisation s'augmentent des terres tombées en déchéance par l'abandon des propriétaires au temps de la guerre, des confiscations prononcées pour cause de révolte, de l'annexion au Domaine, dans certains cas, des terres attribuées à des fondations pieuses, etc. Ce domaine de la Colonisation est immense, et plus l'on pénètre dans l'intérieur du pays, plus il est susceptible d'augmenter. Mais il n'est pas nettement dessiné et visible de loin ; il ne se découvre petit à petit qu'à la suite d'examens laborieux.

Ce simple aperçu laisse voir de suite combien nos conditions ici diffèrent de l'Amérique, et combien sont hasardées les opinions qui voudraient nous faire procéder en tous points comme on fait aux Etats-Unis. Ici nos Indigènes ne sont pas à beaucoup près aussi clairsemés que les Peaux-Rouges dans les forêts et les savannes du Far-West; ce n'est pas avec un bagage de couvertures de laine

et de mauvais fusils que nous pouvons obtenir place nette
dans des contrées vastes comme la France pour y appliquer nos plans sans gêne. Ici nos Indigènes sont des paysans attachés au sol qu'ils cultivent et qu'ils utilisent bien
ou mal dans toute son étendue. Aussi, il n'est pas un coin
de l'Algérie qui n'ait ses usufruitiers et ses habitants. Le
cantonnement des Indigènes consiste non pas à reléguer
une tribu sur un point de son territoire, ce qui équivau-
drait à reléguer dans quelques communes les habitants
d'un arrondissement français qui aurait été aux trois quarts
dépeuplé, mais à fixer définitivement les Indigènes au foyer
de leurs ancêtres en leur donnant des titres authentiques,
et d'autre part à les resserrer sur leurs vastes possessions
pour faire place à la Colonisation européenne. Pour se faire
une idée de la répartition des Indigènes sur le sol, qu'on
suppose les nombreux hameaux, qui sont épars sur certaines communes françaises, habités par les Indigènes, tandis que toutes les métairies et fermes avoisinantes, les villages et les villes, seraient habités par les Européens. Telle
est une commune algérienne après la régularisation de la
propriété et la concession des terres vacantes aux Européens. Procédé prudent, juste, généreux, qui fait l'honneur
de la France ; procédé utile pour qui préfère le travail à la
guerre civile, la fusion à l'antipathie des races, pour qui
est convaincu, comme nous, que la race arabe n'est ni mé-
prisable ni imperfectible.

Telle est, dans ses préliminaires, la marche suivie et à
suivre pour la Colonisation de l'Algérie. Deux points sail-
lants et également importants s'y font remarquer :

1° Resserrement des Indigènes et constitution pour eux
de la propriété individuelle et libre. C'est la dissolution de
leur organisation sociale et leur annexion à la grande famille coloniale ;

2° Aliénation des terres de Colonisation.

Quant à présent, c'est ce second point qui nous occupera
seul, puisque la discussion est attirée de ce côté par les réformes projetées du Gouvernement.

Les terres de Colonisation peuvent, d'après la répartition qu'en fait l'Administration, se diviser en deux catégories. Dans la première, nous comprenons les terres destinées à la formation des villages. Ces terres sont divisées en lots très nombreux, variant de vingt-cinq ares jusqu'à trois et quatre hectares. Le plan du village contient autant de lots urbains qu'il doit y avoir de feux, et à chaque lot urbain sont attachés plusieurs lots ruraux non contigus qui forment une concession. Les concessions, suivant les villages, varient en étendue depuis cinq jusqu'à douze hectares. Les terres de la seconde catégorie sont divisées en lots variant de douze à cent et cinq cents hectares d'un seul tenant destinés à former des fermes.

Toutes ces terres, lots de village, fermes grandes et petites, sont données en concession par l'Etat à des particuliers.

Pour obtenir une concession, le demandeur doit justifier par pièces authentiques qu'il possède une somme proportionnée à l'étendue demandée, laquelle somme est de 1,500 fr. au moins, et doit être de 15,000 fr. pour une concession de 50 hectares ; au-dessus, le chiffre n'est pas précisé.

Le concessionnaire est tenu par l'acte de concession :

1° De construire à bref délai une maison d'exploitation suffisante pour la concession ;

2° De planter des arbres dans la proportion de trente par hectare disposés suivant la volonté du concessionnaire ;

3° De défricher et d'exploiter toutes ses terres ;

4° De payer au Domaine une rente annuelle rachetable dont le chiffre pour un hectare est déterminé.

Toutes ces conditions doivent, en général, être remplies au plus tard au bout de trois ans.

Si le concessionnaire remplit les conditions à lui imposées, sa concession est affranchie des clauses résolutoires et entre en possession de tous les droits de la propriété telle qu'elle est définie au code.

Si le concessionnaire ne se met pas en possession ou

ne fait aucun travail, l'Etat peut, au bout d'un certain temps, le déclarer en déchéance et donner sa concession à un autre.

Si le concessionnaire fait des travaux insuffisants, et, en principe, s'il ne remplit pas exactement ses charges, l'Etat peut le déclarer déchu ; mais alors la concession, avec toutes ses charges, est mise en vente par adjudication et le prix revient au premier concessionnaire comme remboursement de ses dépenses.

Ces pouvoirs réservés à l'Etat, hâtons-nous de le dire, ne s'exercent pas à l'insu du concessionnaire qui est entendu et représenté dans la commission d'examen, et enfin ils ne s'exercent qu'avec une extrême réserve.

La pensée qui domine dans le système des concessions, c'est que l'Etat non-seulement dirige dans son ensemble la marche de la Colonisation, mais encore qu'il choisit chaque colon, qu'il surveille et contrôle les travaux de chacun. C'est une tâche très compliquée et même inexécutable si elle devait s'appliquer à une Colonisation procédant avec rapidité et ensemble sur une vaste contrée. Il s'ensuit que l'on se trouve dans l'obligation ou bien d'arrêter l'élan de la Colonisation pour la réduire à la taille du contrôle administratif, ou bien de négliger l'application exacte de ces mesures de contrainte qui seules, cependant, ont pu apporter des raisons spécieuses en faveur du système des concessions. Ces deux conséquences se produisent l'une et l'autre. D'une part, la Colonisation ne peut se développer d'un mouvement régulier progressif, en rapport avec les progrès que l'Algérie fait dans l'opinion publique de l'Europe ; et, d'autre part, ces conditions et ces charges imposées aux concessionnaires sont, en grande partie, abandonnées en pratique par l'Administration, et ne servent que d'épouvantail aux timides.

Condition de capacité financière. — Il est imposé aux concessionnaires de produire une preuve de capacité financière proportionnée à la concession demandée. L'intention de l'Administration est claire ; elle ne veut donner des terres qu'à des gens ayant assez de ressources pour en tirer un parti immédiat. Mais ce but est-il atteint ? Cette preuve est admise par la production de titres de propriété, ou par des certificats émanés des maires, percepteurs, chambres et tribunaux de commerce, ou enfin par actes de notoriété publique passés devant le juge de paix. Il s'ensuit tout d'abord qu'il n'est pas nécessaire de démontrer que la somme exigée par le décret est disponible; il suffit que le demandeur possède des valeurs équivalentes. Mais n'est-il pas évident que si une fortune ainsi inventoriée monte à un chiffre de 15,000 francs par exemple, le propriétaire n'en peut souvent pas disposer d'un tiers ou d'un quart. Il fournit donc la preuve qui lui est demandée, mais il élude les intentions du décret.

Il est facile d'éluder ces intentions d'une manière bien plus complète encore.

Tous les gens qui sont dans le commerce et dont le passif atteint ou même excède l'actif, n'ont-ils pas un roulement de fonds et de marchandises qui peut induire en erreur soit le magistrat, soit des témoins de bonne foi? Nous joignons à cette catégorie tous ces gens aux entreprises compliquées, tous ces propriétaires grevés sans qu'on s'en doute, tous ces rentiers qui montrent leurs actions industrielles et qui cachent leurs billets en souffrance.

Enfin, tel obtient la preuve demandée en empruntant d'un ami la somme nécessaire pour la présenter au magistrat et la rendre aussitôt.

Tel autre obtient facilement de quelques amis complaisants et peu scrutateurs les témoignages exigés par l'acte de notoriété publique.

En un mot, on peut dire que la preuve demandée n'est qu'une formalité très facile à remplir pour les personnes qui se trouvent dans une position sociale un peu élevée, ou qui ont des affaires obscures et compliquées et des relations nombreuses. Ce sont, en général, des colons sans expérience et d'une faible valeur, souvent de simples spéculateurs des biens de l'Etat.

Ceux qu'on embarrasse, ce sont ceux qui ont des affaires petites et peu compliquées, mais sûres ; ce sont souvent les colons les plus sérieux. Tel qui viendra avec 10,000 fr. comptants, fruit de la liquidation de ses biens, et qui sera disposé à mettre son travail et son argent à l'exploitation d'une concession, sera embarrassé pour grossir son chiffre : il passera après celui qui aura fait ressortir 15 ou 20,000 francs de valeurs, sans avoir rien de disponible et souvent sans rien posséder effectivement.

A l'examen de la teneur du décret, on peut donc inférer que cette preuve de capacité financière peut être souvent sans aucune valeur. L'examen des faits vient à chaque instant justifier ce jugement ; il suffit, pour s'en assurer, d'interroger quiconque habite ou fréquente nos campagnes algériennes. A chaque instant, à chaque pas, on voit de magnifiques concessions (ce sont ordinairement les plus grandes et les plus belles) rester des années dans l'inculture ; tout le monde le sait ou doit le supposer, c'est le manque d'argent qui arrête les travaux. A chaque instant, on voit des concessions, où nul travail ne s'est fait, qui sont vendues à fort beau prix par les concessionnaires ; ceux-là n'avaient pas eu l'argent nécessaire pour cultiver leur terre ; ils ont trouvé le secret de s'en procurer sur les ressources de l'Etat, et le lendemain, cela se voit, ils demandent et obtiennent une autre concession meilleure encore que la première.

Nous pouvons donc dire que la preuve de capacité financière est une garantie sans valeur sérieuse, et que, conséquemment, cette base, cette colonne principale du système des concessions, ce régulateur qui doit mesurer à chacun sa part des largesses administratives, est impuissant à garantir l'objet qu'on a en vue.

— ᴠ —

Obligation de construire.— Le concessionnaire est tenu d'édifier une construction sur sa terre. Cette condi-

tion ne peut être éludée, mais elle est plus ou moins rigoureuse suivant les cas.

Dans les villages, tout doit se faire dans les délais prescrits sous peine de déchéance. Là, les colons sont sous
l'œil immédiat d'un agent de l'Administration, et cet agent
et l'Administration elle-même, tiennent à honneur d'obtenir des résultats éclatants en peu de temps. Le voyageur
étonné voit un village de cinquante, de quatre-vingts maisons, là où, un an avant, il n'avait vu que des campagnes
presque incultes ; il vante naïvement l'énergie de notre
système de Colonisation et le proclame excellent. Mais il
ignore les misères et les cruelles déceptions qui se cachent
derrière ces murs nouvellement blanchis. Le colon du village n'est tenu de justifier que d'une somme de 1,500 fr. ;
c'est peu de chose, mais à la rigueur il pourrait se tirer
d'affaires avec cette ressource. Pour la première année, il
pourrait se loger dans une cabane bien close et bien cré-
pie, et employer tous ses efforts et tout son argent à défricher sa terre, à la cultiver et à nourrir sa famille. Sa ré-
colte, qui pourrait facilement dépasser sa mise de fonds,
lui permettrait alors de commencer sa maison qui, en
trois ou quatre ans, serait achevée ; et sa concession serait
alors en plein rapport, sa famille dans l'aisance. Il est bien
vrai qu'une cabane n'est pas, en général, aussi saine
qu'une maison de pierres. Mais si dans la cabane il y a
l'aisance et l'espérance, nous croyons qu'on y est beaucoup mieux que dans une maison inachevée, ouverte à tous
les vents, où l'on vit en compagnie des soucis précurseurs de
la fièvre, avec la perspective de la misère et de l'expropriation. Mais le colon n'a pas l'embarras du choix ; il est
tenu de bâtir et doit être à l'œuvre dans les six mois. Qui
connaît le prix de la bâtisse, surtout dans ce pays, peut
deviner aisément ce que devient la petite épargne du colon ; elle est épuisée avant qu'il ait un abri. Nous ne nous
appesantirons pas sur ce tableau, nous constaterons les
faits. Nous disons que, dans les villages, le système adopté,
et notamment l'obligation de construire à bref délai, ruine

les colons. Cette ruine se traduit par la vente en peu d'années du plus grand nombre des concessions.

Ce résultat n'est ignoré de personne, il est même prévu. Nous en parlions un jour avec un des fonctionnaires qui ont le plus contribué par leur activité et leur intelligence à l'application efficace du système de Colonisation en valeur. Mais, disions-nous, cette obligation de construire à bref délai doit entraîner nécessairement la ruine du plus grand nombre que leurs illusions seules ont pu décider à accepter de telles charges. « Il est vrai, me répondit-on, et nous ne l'ignorons pas ; mais l'Administration tient à obtenir des résultats et applique strictement les décrets. Un village est créé, les concessions données ; nous exigeons, suivant l'acte de concession, l'édification prompte des maisons. Cela fait, l'entreprise est réussie ; et, soit par l'un, soit par l'autre, les maisons seront toujours habitées et par suite les terres défrichées et mises en rapport. » Le fait est vrai : un village bâti n'est plus abandonné, et chaque concession arrive, un peu plus tôt ou un peu plus tard, à un état satisfaisant d'exploitation. Mais nous trouvons que c'est appliquer, pour un bien petit objet, cette froide et dure maxime de politique transcendante qui enseigne à ne pas s'arrêter aux ruines que l'on peut faire en marchant à son but.

Nous ne prétendons pas que les conditions faites aux colons des villages les mettent dans l'impossibilité de réussir. En effet, on voit quelques villages traverser sans crise cette première époque si désastreuse en général pour les colons ; ce sont uniquement les quelques villages mahonnais qui bordent le littoral à l'est de la Mitidja. Sans vouloir en chercher, par amour-propre national, une cause douteuse dans les localités, nous dirons tout de suite que la population mahonnaise est la plus propre à résister surtout aux premières difficultés de la Colonisation. Le Mahonnais est cultivateur de naissance ; il est sobre, économe dans son ménage et dans ses outils de culture, il est laborieux ; en outre, il aime la vie de famille et a toutes les qualités de l'homme rangé et moral. Enfin, il n'est pas venu dans ce pays bouleversé par une ambition déréglée : faire vivre sa famille, tel est uniquement son premier objet. Mais autant son but est modeste, autant il est ardent au travail, autant il poursuit avec énergie sa marche ascendante quand la fortune lui sourit. Voilà le pionnier algérien par excellence ; qu'on lui donne les terres les plus encombrées de broussailles et de palmiers-nains, il ne quitte pas sa pioche que tout ne soit débarrassé, et deux ans ne sont pas écoulés que toutes ces vastes étendues arides sont couvertes de riches moissons.

Les colons français sont bien loin, surtout au commencement, d'avoir une pareille aptitude. Le fait est reconnu et sert à faire retomber sur eux seuls la faute de leur insuccès. S'ils agissaient de telle ou telle manière, au lieu de telle ou telle autre, ils réussiraient. C'est probable ; mais on ne doit pas faire des plans pour des hommes excellents qu'on ne trouve presque jamais, mais pour les hommes tels qu'une longue expérience apprend à les connaître. Depuis longtemps, on rêve pour ce pays ces colons intrépides au travail, agriculteurs intelligents, moraux ; et c'est même en vue de les attirer et de les choisir que le système des concessions est surtout établi ; et, en cela encore, ce système a dénoté son impuissance. Cela vient de ce que le colon français transplanté en Afrique subit, sous l'influence du climat, et plus encore sous l'influence des idées ambitieuses qui lui ont fait quitter son village, une transformation fâcheuse. Il n'est plus l'homme du travail régulier et persévérant ; il n'est plus l'agriculteur habile qui poursuit patiemment l'aménagement de ses terres. En fait de travail, il se néglige ; en fait de projets, il se jette avec ardeur dans diverses industries agricoles, plus que dans l'agriculture proprement dite : une année il ne fera rien que du tabac, une autre rien que du blé, une troisième il s'adonnera exclusivement à la coupe et aux transports des fourrages, le tout suivant l'expérience de la veille. Mais quand enfin l'expérience lui est venue, quand, sous le coup des désappointements, il est tombé du haut de ses rêves dorés dans la réalité de sa position, alors il envisage l'avenir sous son vrai jour; alors il se retrouve ouvrier persévérant et agriculteur intelligent; alors il réussit. Nous ajouterons même pour continuer la comparaison avec le Mahonnais, qu'il lui devient supérieur, et qu'il constitue pour le pays un élément de progrès, d'intelligence agricole, de civilisation, de travail même, que le Mahonnais n'égale pas.

Pour un tel homme, pour le colon français qui est tel que nous le dépeignons et non tel qu'on le désirerait, il faut non pas lui faire jouer son avenir à bref délai, mais au contraire lui laisser le temps de payer et de faire son expérience. En le mettant dans un village avec l'obligation de bâtir aussitôt, de dépenser son petit pécule en travaux improductifs, on lui enlève le temps de l'expérience, on le condamne presque sûrement à la ruine. Ce résultat n'est pas contestable : un recensement exact, dans tous les villages de la Mitidja, prouverait que, sur une moyenne de dix ans, il y a plus de transmissions immobilières qu'il n'y a de propriétés, et que sur cinq il n'y a pas plus d'un concessionnaire qui ait conservé sa concession primitive.

Nous concluons de là que le système des concessions, par la clause qui oblige à bâtir à bref délai dans les villages, cause la ruine des colons. Nous en concluons encore que le système des concessions qui est vanté surtout pour être exclusivement apte à faire un choix judicieux de laborieux et intelligents cultivateurs, est, sur ce point, complètement en défaut, puisque ses choix si laborieusement faits se dissipent promptement sous le vent de l'insuccès.

L'obligation de bâtir est beaucoup moins gênante pour les concessions de fermes. L'Administration ne compte pas avec autant de rigueur les délais accordés aux colons, ou pour mieux dire elle leur laisse une très grande latitude. La raison de sa longanimité, c'est que les fermes ne forment pas partie aussi essentielle d'un tout que les diverses concessions des villages et n'intéressent pas autant son amour-propre. En outre, la concession de ferme forme toujours une valeur sérieuse qui est un garant de sa mise en rapport dès que le concessionnaire en aura les moyens ; tandis que dans les villages, une fois passée la première période d'entrain, alors que les embarras forcent les concessionnaires à vendre et que les prix sont tombés au-dessous de la valeur seule des constructions, il est quelquefois difficile de faire occuper les concessions vacantes avec l'obligation de bâtir.

Aussi, dans les fermes, les concessionnaires ont tous les éléments de succès, des terres d'un seul tenant, et le temps de mûrir et d'appliquer prudemment leurs projets. Mais encore sur ce point, nous trouvons le système des concessions en défaut. En effet, il est dit que les concessionnaires doivent construire une maison d'exploitation en rapport avec l'étendue de leurs terres. Cette expression est extrêmement vague ; aussi est-elle une lettre morte dont l'Administration ne se prévaut jamais comme d'une clause résolutoire ; aussi arrive-t-il, à chaque instant, que des fermes de cent hectares n'ont pas des constructions plus importantes que celle de vingt hectares. Dans l'avenir, sans doute, les revenus et en même temps les exigences d'exploitation étant différents, les constructions de l'une dépasseront celles de l'autre. Mais si ce résultat n'est pas immédiat, quelle est la raison déduite des intérêts de la Colonisation qui peut faire donner à l'un cent et à l'autre vingt hectares. Evidemment, l'objet du système des concessions n'est pas atteint en cela. Ou si l'on a simplement pour but de faire les uns riches et les autres médiocres, de fonder la grande, la moyenne et la petite propriété dans des vues d'organisation sociale, pourquoi ne pas laisser la place libre à chacun, et donner à chacun la faculté de tracer lui-même ses limites, suivant sa fortune, son intelligence ou son audace ; pourquoi, en un mot, ne pas livrer les terres aux enchères publiques, ce qui donne à tous les mêmes chances, au lieu de les livrer en concession, ce qui favorise les uns à l'exclusion des autres.

Obligation de planter. — L'obligation de planter trente arbres par hectare est une lettre morte : nous ne pensons pas qu'il y ait en Algérie une seule concession sur laquelle on ait bâti et cultivé, qui ait été expropriée pour non-exécution de cette clause. Pourquoi donc la maintenir ? Cette clause forme une charge de plus qui a sa petite influence et doit donner quelques inquiétudes aux colons. — Malgré leur bienveillance habituelle, les inspecteurs de Colonisation doivent, sans doute, la rappeler quelquefois aux concessionnaires. Ceux-ci, pour remplir leurs engagements, se mettent à planter ; c'est le plus souvent du temps et de l'argent perdus. Les plantations périssent d'ordinaire et la clause reste inexécutée dans le terme de trois ans fixé par l'acte de concession. Nous, qui sommes colon, ami des colons, ami du pays et ami des arbres, nous donnerions des conseils tout contraires à cette clause des concessions. Il est bien vrai que la culture arborescente est la plus productive, la plus riche qu'il soit possible de faire en ce pays ; il est bien vrai que les arbres trouvent, dans le sol et le climat algérien, des conditions excellentes de prospérité. Mais c'est une culture qui réclame des soins préventifs, coûteux, des soins d'entretien et des avances pour un résultat lointain. Nos colons sont presque toujours dans la gêne au début de leur exploitation ; après avoir planté leurs arbres, ils finissent par se rebuter et n'achèvent presque jamais les travaux qui doivent assurer le succès de leur plantation ; aussi, cette plantation finit par se dégrader et se perdre. Les engager à faire tout d'abord de grandes plantations, c'est un conseil bon en théorie, mauvais en pratique algérienne. Il faut les engager à employer exclusivement tout leur travail et tout leur argent aux cultures de courte échéance, afin de sortir de la gêne qui, faute de bons calculs, atteint presque inévitablement chaque colon au début de son exploitation. Il faut les engager ensuite à planter peu, mais très bien, à placer les arbres uniquement dans les endroits où le terrain doit être cultivé à la pioche, à entourer surtout les plantations de profonds fossés et de haies vives pour les abriter de l'atteinte des bestiaux qui, dans nos campagnes ouvertes, sont le fléau des plantations.

Pour planter avec succès, il faut être sûr de l'avenir. Il faut que le colon ait traversé la crise des premières années, que le produit de sa terre ait réparé les mécomptes inévitables d'un commencement d'exploitation, qu'il se soit mis dans l'aisance. Arrivé à ce point, lui-même, sans contrainte extérieure, saura bien s'adonner aux plantations. Il découvrira facilement que les arbres formeut l'agrément et la salubrité de ses environs; que leur produit est celui qui, avec le moins de travail, donnera un jour le plus de profit.

L'obligation de planter, insérée dans les actes de concession, n'est pas exécutée. Nous ajoutons que cette obligation produit des conséquences fâcheuses, et doit être supprimée. Le système des concessions n'atteint pas le but proposé de boiser le pays. Ce but sera atteint alors que l'aisance sera bien assise au foyer de nos colons, et c'est eux-mêmes qui, librement y, concourront alors.

Obligation de défricher. — Le concessionnaire est encore obligé d'avoir, après trois ans, toutes ses terres défrichées et en culture. Nous disons que cette clause est inutile et conséquemment nuisible dans la pratique du système des concessions ; nous répétons que là où est construite une maison, où habite un colon, où quelques morceaux de terre sont en culture, jamais l'Administration ne se prévaut de l'inculture pour en faire une occasion d'expropriation. Si donc une terre concédée est défrichée en trois ans, ce qui est rare, c'est que le propriétaire a pu et bien voulu le faire ; si d'autres, et c'est le

plus grand nombre, sont encore en grande partie en friche
après trois, cinq, dix années de concession, c'est que les
propriétaires n'ont pas pu ou n'ont pas voulu les défricher.
C'est donc ici encore le libre vouloir des propriétaires, et
non l'obligation du contrat de concession, qui substitue
la culture aux broussailles et aux friches. Et il ne faut pas
croire que si l'Administration voulait appliquer rigoureusement ses droits, elle réussirait. Le défrichement, dans
la plupart des cas, est un travail extrêmement coûteux
et très long ; on exproprierait les concessionnaires, on
découragerait la Colonisation, mais on n'obtiendrait pas
l'exécution exacte de cette clause.

Le système des concessions est impuissant à obtenir le
défrichement rapide des terres. Le travail accompli dans
ce sens se mesure uniquement aux forces de l'industrie
privée.

Obligation de rente à l'Etat. — Reste enfin, pour le
concessionnaire, l'obligation de payer une rente à l'Etat.
Ici nous n'avons rien à objecter, quant au principe qui
est excellent et qui peut devenir le levier le plus actif de
la Colonisation ; mais nous croyons que l'application en a
été faite jusqu'à présent d'une manière peu équitable et
mérite réforme. L'année dernière, le *Moniteur universel*,
dans un long article destiné à soutenir le mode actuel de
Colonisation, disait que les concessions étaient soumises
à la rente annuelle d'un franc par hectare. Cela est vrai,
mais pour les Parisiens, qui sans avoir jamais auparavant
visité notre Colonie, nous arrivent brevet en poche avec
la concession de deux, trois et cinq cents hectares. Mais
pour nous, pauvres Algériens, qui versons nos sueurs sur
un petit coin de terre, nous sommes taxés autrement; c'est,
d'ordinaire, 2 et 3 francs par hectare que nous payons.
Nous trouvons que la répartition n'est pas juste. Tandis
qu'aux uns on mesure la terre aver une parcimonie
extrême, et qu'on donne aux autres des domaines qui sont
une fortune, et qui feraient vivre à l'aise vingt familles,

on trouve encore le moyen d'exagérer la différence : ceux qui ont reçu peu paieront 2 ou 3 francs de rente par hectare ; ceux qui ont reçu beaucoup paieront peu, c'est à-dire 1 franc ou même 50 centimes par hectare.

Nous savons bien qu'il est facile, avec quelque habileté, de plaider les plus mauvaises causes. On dira que le concessionnaire de deux cents hectares, payant 200 francs, est bien assez taxé par rapport au concessionnaire de vingt hectares qui n'en paie que 60 : le premier paie beaucoup plus que le second. Mais les deux cents hectares auraient pu faire dix fermes de vingt hectares, qui auraient très facilement trouvé preneurs à 3 francs de rente, ce qui eût fait 600 francs au lieu de 200 francs. Grand profit pour le Trésor, et surtout pour la Colonisation.

Enfin, il est encore un procédé qui a été longtemps employé et qui l'est encore, nous le croyons, et moyennant lequel on peut obtenir la diminution et même la suppression de la rente due à l'Etat. Il consiste à adresser à l'Administration une demande d'exonération motivée. Nous pensons bien que la demande n'est pas toujours agréée ; mais nous pensons aussi que, dans la plupart des cas, cette voie est une nouvelle porte de faveur ouverte à quelques uns ; que c'est une nouvelle manière de faire encore une concession à ceux qui déjà en ont reçu le plus et en ont le moins besoin. Car les petits concessionnaires, souvent ignorants et peu protégés, se trouvant dans les conditions de beaucoup d'autres voisins qui pourraient alors réclamer la même faveur, ne s'aventurent guère à faire de pareilles démarches. Nous croyons convenable que le Gouvernement, prenant l'initiative en leur faveur et faisant dès à présent un juste sacrifice, règle pour le passé, suivant la justice et suivant la parole du *Moniteur universel*, toutes les rentes des concessions déjà données à 1 franc par hectare. Que, pour l'avenir, les rentes soient fixées invariablement à un chiffre unique pour tous les cas. Qu'enfin, ces rentes occupent un rang plus élevé et plus inattaquable dans la nomenclature de la fortune publique, et qu'elles ne puissent être ni diminuées ni supprimées, sans un décret public de chef de l'Etat.

Nous dirons enfin que les rentes à payer par les concessionnaires ne commencent pas dès l'origine de la concession, mais à une époque qui peut-être est uniforme en théorie, en droit, mais que nous affirmons être variable dans la pratique. De là vient que les uns paient deux ans, trois ans après l'acte de concession, et d'autres plus tard. Il serait bon de régler uniformément l'époque du paiement de la rente d'après l'époque de l'acte de concession, comme en toutes choses d'établir autant que faire se peut des règles uniformes pour tout le monde.

Pour résumer ce qui précède, nous dirons que le système des concessions impose des conditions la plupart fâcheuses pour le succès de la Colonisation ; que la plupart de ces conditions, lesquelles représentent chacune un but qui, dans la théorie, fournit un des arguments efficients du système, que la plupart de ces conditions sont éludées et le but manqué ; qu'enfin, ce système est l'occasion d'inégalités non justifiables dans la répartition des biens et des charges, ce qui nuit aux intérêts du Trésor et indispose les colons.

On dira peut-être que la plupart des inconvénients signalés pourraient être ou supprimés ou atténués par de sages réformes, sans changer la base même du système. Cela est vrai et assez facile pour quelques-uns, mais c'est à peu près impossible pour d'autres. Ainsi nous ne croyons pas possible de répartir les terres concédées en proportion avec la fortune ou plutôt les sommes disponibles des demandeurs, puisque c'est la fortune qui est admise comme critérium de la libéralité de l'Administration.

Mais nous avons encore des objections à faire au système des concessions, et ce sont les plus importantes ; et ces objections, en outre, ne pourraient être levées que par l'abandon complet du système. Jusqu'à présent, nous nous sommes appliqués à l'examen des détails pour faire ressortir combien sont éludées les intentions du législateur, et comment tombent dans la pratique toutes les conséquences qu'on en espérait et au profit desquelles seules on a pu éloigner la libre concurrence des colons. Il s'est fait sans doute bien des choses en agriculture et en colonisation dans ce pays depuis quelques années, mais ce n'est pas à l'efficacité du système des concessions qu'il faut l'attribuer. Le progrès est venu, en premier lieu, de la loi des douanes de 1851 : c'est là le brevet de vie donné à la Colonie. Et, en fait d'extension donnée à la Colonisation européenne, le progrès est venu aussi de ce que l'Administration, depuis quelques années, s'est appliquée, avec un zèle digne d'éloges, à cette tâche et a pu livrer aux colons une notable quantité de terres; ce sont ces terres livrées à l'industrie qui ont permis à la Colonisation de se développer. Mais ce résultat, loin d'avoir été aidé, a été plutôt entravé par les formalités et les restrictions qui sont le caractère propre du système; il a été entravé surtout en ce que l'Administration se trouvant investie, par le système des concessions, d'une tâche très compliquée, n'a pu fournir au travail européen qu'une portion de terres bien inférieure à celle qu'elle eût pu fournir, agissant avec un système plus simple.

Si maintenant, nous envisageons le système des concessions sous un point de vue plus élevé, et si nous examinons l'influence qu'il exerce sur les progrès généraux de la Colonisation, nous reconnaîtrons qu'il est tout à fait impropre au grand objet que nous avons en vue.

Nous avons souvent entendu les journaux de ce pays déclamer contre l'obstination des émigrants, qui continuent à se diriger vers les lointaines contrées d'Amérique au lieu de notre Algérie si proche et si fertile. On a poussé le zèle si loin qu'on ne s'est pas contenté de faire ressortir les qualités rares du sol et du climat algériens, on a déguisé l'aspect rude et barbare de l'inculture qui couvre une grande partie de nos campagnes africaines, défaut transitoire mais vrai, sous les peintures les plus séduisantes empruntées aux *Mille et une Nuits* et rajeunies sans doute sous les ombrages du Jardin d'Essai. On a été plus loin ; on s'est mis à prendre à partie les Etats-Unis qui ne s'en soucient guère, relevant contre eux, à l'effet d'effrayer les émigrants, tous les petits détails défavorables qui surgissent du milieu d'une grande nation libre, sans voir ou laisser voir la grande place que les institutions américaines laissent au travail et à l'industrie de chacun, quelle que soit sa nationalité. On a fait ressortir tous les sacrifices que fait le Gouvernement en faveur des émigrants, passages gratuits, concession à peu près gratuite des terres. On exagère les séduisants résultats des cultures de coton et de tabac. Et l'on termine en conjurant, au nom de leurs propres intérêts, les émigrants de changer de route et de délaisser l'Amérique pour l'Algérie.

Pourquoi ces conseils ne sont-ils pas écoutés ? Parce que l'Amérique est bien notée et l'Algérie mal notée en Europe ? Nous ne parlons pas ici des gens riches et instruits qui commencent bien à reconnaître les admirables ressources de notre Colonie et qui ne s'engagent pas dans une entreprise avant d'avoir entre les mains la garantie indispensable du succès ; nous parlons de la foule des émigrants qui ne va pas à l'Exposition, ne lit guère les journaux, et qui, ne raisonnant pas sur les avantages abstraits que présente telle ou telle contrée, se guide d'après les résultats obtenus. Que l'on parcoure les montagnes de la Suisse, les forêts du grand-duché de Bade. Dans chaque châlet, dans chaque chaumière, on a des idées arrêtées sur la Colonisation américaine, et des idées ordinairement favorables. C'est un tel et un tel, des parents, des voisins, des connaissances, qui sont partis pauvres pour l'Amérique et s'y sont fait une position fortunée ; ils possèdent de grandes fermes en bon rapport : et chacun d'envier leur sort et d'aspirer au moment où il pourra les rejoindre.

L'Algérie, au contraire, est peu connue, et si elle l'est, c'est d'ordinaire sous un mauvais jour. Les rapports de ceux qui ont tenté la fortune dans ce pays sont pleins de tristes récits, de mécomptes, d'insuccès. Aussi n'est-on guère tenté de les suivre.

Les conditions faites aux émigrants sont-elles aujourd'hui plus favorables? Nous ne le croyons pas. Et fort heureusement, à notre avis, les émigrants n'affluent pas comme on les y convie, car nous verrions bientôt le triste spectacle de la misère au milieu de nos campagnes fertiles et en grande partie incultes. Supposons qu'à l'heure où nous parlons, il débarque à Alger vingt familles d'émigrants venues ici pour tenter la fortune par le travail. Ils ont vendu en Europe leur modeste avoir pour se faire ici une position par l'agriculture, ils veulent des terres. On les envoie à la Préfecture. Que leur dira-t-on? « — En ce moment, nous ne pouvons vous satisfaire; les villages créés sont au complet, et pour les villages en projet, nous avons déjà dix fois autant de demandes qu'il y aura de concessions; toutefois adressez aussi votre demande et l'on vous répondra dès qu'on pourra vous satisfaire. » Voilà donc des gens obligés d'ajourner leurs projets, dépensant petit à petit leur fonds de réserve, obligés de substituer la vie précaire de l'ouvrier à l'existence indépendante du propriétaire. Si encore cette espérance d'obtenir une concession ne paralysait pas leurs projets, ils parcourraient les campagnes et les villages et trouveraient facilement à acquérir à bas prix quelque concession comme il y en a tant qui ont ruiné les concessionnaires. Mais ignorant les difficultés et les charges, la terre reçue sans bourse délier a pour eux beaucoup d'attraits et ils attendent. Leur attente dure six mois, un an, deux ans, trois ans et davantage, et alors le plus souvent on ne sait plus ce qu'ils sont devenus. Ils se sont dispersés dans toutes les directions pour obéir à la dure loi de la nécessité. Quand ils reçoivent leur concession, souvent ils n'ont plus les fonds nécessaires pour s'y installer; au lieu d'un pays qu'ils auraient affectionné, on les envoie au hasard dans l'Est ou dans l'Ouest. Que diront ces familles à leurs parents, à leurs amis d'Europe ? pense-t-on que leurs lettres seront encourageantes. Elles leur diront que la médiocrité, que la misère au pays natal, sont beaucoup moins amères que la médiocrité et la misère sur la terre étrangère.

Voici un colon d'un autre ordre. C'est un homme qui a des ressources et quelque expérience du pays. Ses prétentions sont plus hautes. Il sait fort bien que les concessions des villages, de petite étendue, morcelées, sont dans de mauvaises conditions de succès. Il demande une concession de ferme de vingt, cinquante, cent hectares. S'il veut simplement faire une affaire, il s'occupe d'autre chose, et attend patiemment une, ou plusieurs années, qu'on satisfasse à sa demande. Alors, il examine sa concession ; et au pis aller, si la situation ou la terre ne lui plaît pas, il refuse la concession, ou, mieux encore, la vend. Mais si c'est un colon sérieux, un homme qui est venu avec le projet arrêté d'utiliser ses fonds et son travail dans une entreprise agricole, l'attente est pour lui très fâcheuse et souvent le décourage. S'il insiste pour être promptement satisfait, on lui répond avec raison que beaucoup d'autres attendent et qu'il peut attendre aussi. S'il parcourt le pays, s'il fait des démarches pour avoir des renseignements, partout il rencontre des doutes ou des obstacles. Telle terre est-elle disponible ? Oui ; mais elle est déjà demandée et promise. Telle autre ? Elle est entre les mains de la commission des transactions et partages, et l'on ne peut dire quand elle sera disponible ; d'ailleurs, il y a une foule de demandes. Que faire alors ? Attendre ou se retirer.

Ceux pour qui le régime des concessions est le meilleur des régimes, sont ceux qui ont des aboutissants et des appuis. Ceux-là n'ont qu'à demander pour obtenir. On les y engage même. Pourquoi ne demandez-vous pas de concession ? Il y en a de très belles par ici, par là ; sous peu de temps, il y aura des terres disponibles dans tel endroit ; décidez-vous, faites la demande d'avance et vous serez promptement satisfait. Et qu'on ne croie pas que nous veuillons ici faire une critique puérile du personnel administratif de l'Algérie, ou porter contre lui quelque grosse accusation de favoritisme. Loin de là, nous dirons volontiers que nos administrateurs de tous grades sont, en général, intelligents, zélés et aussi bienveillants pour le public qu'on peut l'être quand on a un surcroit d'occupations de détails, inutiles peut-être, mais obligatoires pour eux. Mais qu'on remue le cœur de tous les hommes, et l'on trouve un certain nombre de qualités et de défauts, qui sont communs à tous sans exception. Et parmi ces défauts, plutôt même ces qualités, se trouve le désir d'être utile et agréable à ses amis de préférence aux étrangers, quand, du reste, il est fort douteux de savoir, si en le faisant on manque en rien à ses devoirs. Un petit nombre donc a tout à souhait, et ce petit nombre, parfois très influent, a tout intérêt à perpétuer le système en vigueur ; mais à côté d'eux la grande majorité des colons et des émigrants rencontre des obstacles nombreux et décourageants.

Et l'on s'étonne après cela que le courant de l'Emigration continue à se diriger sur l'Amérique. On devrait se rappeler quelles tribulations attendent ici les émigrants ; on devrait se rappeler que leur place ici est très limitée, très variable et conséquemment très incertaine, puisque l'Administration ne livre tous les ans à la Colonisation qu'une quantité de terres très restreinte.

Mais puisque l'Administration doit forcément intervenir pour la régularisation des titres indigènes et pour rendre disponibles les terres de la Colonisation ; puisqu'en outre elle livre au fur et à mesure aux colons les terres disponibles, comment peut-on faire une plus large place à l'Emigration ? Ce qu'on peut et doit faire, c'est d'abord rendre plus simples, plus expéditifs et plus continus les procédés appliqués à la régularisation des titres et des propriétés indigènes. C'est ensuite de ne pas fractionner, sur une foule de points accessoires, les forces de l'Administration ; c'est d'employer uniquement ses forces au seul objet que l'Administration soit seule en état de résoudre ; c'est d'abandonner à l'industrie privée, qui s'en acquittera beaucoup mieux, la solution de toutes les questions secondaires. Alors l'Administration pourra livrer beaucoup de terres à la Colonisation, et l'Emigration, trouvant ici plus de place et peu de formalités d'installation, croîtra rapidement.

En effet, quelle tâche immense dans ses détails et en grande partie inutile n'a pas l'Administration algérienne ? D'abord, le règlement des litiges entre l'Etat et les Indigènes. Ensuite l'allotissement des terres. Ensuite l'appréciation des demandes innombrables de concessions. Il faudrait une armée d'administrateurs pour suffire aux réclamations et aux insistances qui en résultent. Enfin, et par dessus tout, le morcellement des terres de village et la création de ces villages. Mais les terres livrées, sa tâche n'est pas achevée. Comme les concessions ne sont pas définitives, il reste encore à sa charge la surveillance de l'exécution des clauses ; et comme le contrat lie les parties d'une manière étroite et compliquée, il s'établit entre elles des rapports d'autorité et de dépendance qui donnent naissance à un échange continuel de réclamations et de vérifications et ne laissent aucun répit à l'Administration. En sorte qu'absorbée et attirée de tous côtés sur des points secondaires, elle ne peut s'adonner d'une manière spéciale et sérieuse au point capital, la vérification des titres indigènes et l'aliénation des terres de Colonisation. Les rapports entre l'Etat et les colons doivent être débarrassés de toutes ces complications gênantes pour les uns et les autres. Ils doivent être simples, précis, mais rigoureux. D'un côté le créancier, de l'autre le propriétaire complètement libre, sauf l'acquit de sa dette.

Le système des concessions complique outre mesure le travail de l'Administration, et comme aussi il hérisse de difficultés l'installation des émigrants, nous sommes très formellement d'avis qu'il convient de le supprimer dans tous les cas et dans tous les lieux.

En adoptant un système d'aliénation plus simple, on

pourrait attacher encore un grand prix à la création des villages suivant les plans adoptés actuellement. Or, comme ces créations sont très coûteuses, qu'elles absorbent beaucoup de temps à l'Administration, qu'elles l'entraînent dans des mesures peu modérées vis-à-vis des Indigènes, qu'enfin elles placent les colons dans des conditions mauvaises pour le succès, nous consacrerons quelques lignes à l'examen des réformes qu'il serait utile d'opérer sur ce point.

La position des villages est ordinairement désignée sur la carte longtemps avant qu'on appelle les colons. Cette position est choisie d'après les plans projetés des divisions administratives, d'après le parcours des routes projetées ou exécutées. L'Administration, joignant les villages à un plan général, destine l'un à être un chef-lieu de canton, l'autre un chef-lieu de commune, un autre un simple hameau sans attributions administratives ; et, en conséquence de son importance future, elle fixe, sauf légères variations, le nombre des concessions qui doivent composer chaque village. Cela arrêté, on s'occupe de rechercher aux alentours les terres nécessaires aux colons. Or, n'est-il pas évident que dans une telle recherche pour un but arrêté d'avance, l'Administration se montrera beaucoup plus sévère, beaucoup plus exigeante. Elle ne tient pas seulement à reprendre les terres qui peuvent lui revenir, elle les veut dans telle position précise. Voilà donc les propriétaires des alentours soumis les uns à une expropriation qui est souvent onéreuse pour eux et coûteuse pour l'Etat ; les autres à une expropriation ruineuse et sans compensation, car l'Administration peut agir à peu près comme elle le veut, vu l'authenticité douteuse des titres qu'on lui oppose. Mais en cela agit-elle bien ? Dans les endroits qui sont en dehors de ses plans de village, elle se montre d'ordinaire bienveillante et disposée à ne pas apporter une perturbation radicale dans les conditions d'existence des Indigènes ; à défaut de titres écrits, elle admet volontiers un long usufruit comme un titre suffisant. Et, parce que ses plans exigent place nette dans un endroit, la voilà qui change d'allures et devient spoliatrice. Nous pensons que c'est faire trop de concessions à l'exactitude rigoureuse de ses projets.

Nous ne voulons pas discuter le plus ou moins de rigueur qu'il convient de mettre dans la vérification des titres indigènes ; mais quel que soit le parti que l'on adopte, il est bon de juger partout avec la même balance. Ces rigueurs exceptionnelles soulèvent une foule d'antipathies, de haines dont les premiers colons sont souvent les victimes. Un Arabe nous disait un jour avec amertume : « Quand le beylick (l'Administration) n'a pas formé ses projets sur un canton, il nous laisse encore des moyens suffisants d'existence ; mais là où ses plans sont établis, personne ne peut plus vivre en sûreté, les témoignages sont contestés, une jouissance héréditaire n'est plus un titre ; on nous enlève la majeure partie de nos terres, on nous enlève notre eau d'arrosage, et c'est à peine si l'on nous assure la libre possession de ce qu'on nous laisse. »

Nous pensons que l'agglomération des populations dans les villes et les villages doit être produite, non par les mesures préconçues et obligatoires de l'autorité, mais par le choix libre des propriétaires aisés, des industriels, des commerçants. Toutes conditions égales d'ailleurs, les colons réunis dans un village ont beaucoup moins de chances de réussite que s'ils vivent, non pas isolés à grandes distances, mais installés sur leurs petites fermes voisines les unes des autres. Dans le village, les colons sont entraînés par une foule de petites passions qui nuisent à leurs travaux et les éloignent de la vie de famille. Par vanité, par faiblesse, par inaptitude, ils se laissent entraîner à chaque instant hors de ces habitudes économes, régulières et laborieuses qui sont les conditions indispensables du succès en agriculture. Enfin, le fractionnement des concessions en plusieurs lots situés souvent aux quatre points cardinaux est encore une raison d'insuccès trop claire pour qu'il soit nécessaire de nous y appesantir.

Nous ne déciderons pas s'il convient de laisser à l'industrie seule le choix de l'emplacement des villages. Il nous en coûterait d'abandonner la répartition méthodique des centres. Mais nous croyons qu'il faut laisser au temps la tâche de parfaire l'œuvre. Sans donner à nos vues une forme très précise, il nous semble qu'on pourrait procéder ainsi qu'il suit. L'Administration tracerait le plan d'un village et y bâtirait comme aujourd'hui l'église, le presbytère, une maison commune et d'école. Les terres limitrophes qui seraient disponibles seraient divisées en grands lots d'une dizaine d'hectares et livrées aux colons avec obligation de bâtir sur un lot urbain; les terres non limitrophes seraient divisées en ferme. Au lieu d'un grand village, on n'aurait ainsi tout d'abord qu'un petit hameau. Les lots urbains vacants pourraient être livrés aux premiers occupants sous la seule condition de bâtir ; et nous pensons que si le pays prospérait, ces lots seraient bientôt occupés par des industriels, des commerçants et par des propriétaires qui, une fois l'aisance acquise, seraient bien aises de se rapprocher d'un centre de population.

Si donc l'on conserve le principe des villages administratifs, du moins est-il nécessaire d'en modifier complètement l'application. On doit renoncer à ces installations simultanées de nombreuses populations agricoles dans l'enceinte d'un village, au morcellement du sol qui en est la conséquence nécessaire. Ainsi l'Administration s'épargnera cette procédure agressive qu'elle est obligée de soutenir contre les propriétaires voisins ; elle s'épargnera le temps qu'elle met à répartir les terres par lots compliqués et nombreux ; elle s'épargnera les sommes très importantes qu'elle dépense pour l'expropriation des terres, pour l'établissement d'un système très compliqué de canaux d'irrigation, et même pour nivellements, fontaines, abreuvoirs, lavoirs, en un mot, pour tous ces travaux luxueux qui servent comme d'appât à une population ignorante des embarras qu'elle accepte, et dont sauront fort bien se passer ou les faire à leurs frais un peu plus tard les propriétaires de la commune. Et enfin elle évitera ainsi de mettre les colons dans une situation anormale par rapport aux travaux agricoles et à l'économie domestique et qui, le plus souvent, les conduit à la ruine. Ces dernières considérations ont été traitées il y a peu de temps par un écrivain de mérite, avec plus de détails que nous ne le faisons ici ; et, nous contentant de nous ranger à sa manière de voir, nous renvoyons le lecteur à quelques articles *des Villages et des Hameaux*, publiés dans la *Colonisation* par M. Jules Duval, qui est certainement l'un des écrivains les plus judicieux et les plus compétents parmi le petit nombre de ceux qui traitent avec quelque intelligence de nos affaires algériennes.

Cet examen qui précède laisse apercevoir deux idées distinctes et dominantes dans le système de Colonisation en vigueur :

1° L'idée de contraindre les colons à bâtir, planter, défricher et cultiver sur leurs terres dans un bref délai ;

2° L'idée de faire un choix de colons capables et par leurs ressources et par leurs aptitudes de remplir les conditions à eux imposées : ce qui constitue le caractère essentiel du système des concessions.

Les trois dernières obligations : planter, défricher et cultiver à bref délai, n'ont jamais été considérées par l'Administration comme une clause suffisante de résolution du contrat passé avec les concessionnaires. Et en cela elle a bien agi, car l'application obligatoire de ces clauses eût abouti à la ruine des colons, eût abouti même à l'impossible. La création d'une exploitation est une entreprise compliquée et très difficile, dont les mécomptes inévitables doivent annuler forcément les conventions loyalement souscrites, mais souscrites par inexpérience, et sous l'espérance d'un succès constant. Puisque donc ces conditions ne sont pas remplies dans les termes du contrat, qu'elles ne sont pas une cause suffisante de résolution de ce contrat, à quoi bon les maintenir ? Nous demandons qu'on les supprime. Le colon sera plus tranquille et pourra diriger sans crainte son exploitation suivant les vues plus conformes à ses intérêts qui sont, en somme, les intérêts du pays.

L'obligatiou de bâtir est seule pratique, est seule exécutée obligatoirement, et seule elle peut dispenser des autres obligations. On peut donc la conserver. Toutefois, dans un système de Colonisation plus rationnel et qui s'appuiera sur des garanties plus simples et plus efficaces, cette clause deviendra inutile et devra être supprimée. Alors, le colon sera complètement libre et l'Administration affranchie de l'exercice d'un contrôle gênant, et qui entraîne pour elle des embarras et des pertes de temps continuels.

Quant au second objet principal du système, le choix des colons, basé sur leur fortune et sur leurs aptitudes, il impose une tâche très longue et très difficile, qui n'atteint aucun des résultats espérés. On prétend faire un bon choix de colons, et l'expérience prouve que le choix ne vaut pas mieux que le pur hasard, et que ces colons échouent pour la plupart et sont forcés de vendre leurs terres. On veut obtenir une garantie de ressources pécuniaires ; mais tout le monde sait ici que cette garantie est fictive ; qu'il est très facile d'en faire ressortir les titres par des mesures adroites; tous les jours enfin l'on voit des concessionnaires qui sont arrêtés dans leurs premiers travaux, faute des moindres ressources.

Or, quels sont les sacrifices faits en faveur de ces choix impossibles, de cette garantie illusoire ? On décourage les colons qui sont obligés d'attendre et de pétitionner souvent des années; on empêche et on interrompt l'Emigration; on renonce, en pure perte pour la Colonisation comme pour l'Etat, aux valeurs immenses représentées par les terres du Domaine, et enfin on surcharge l'Administration d'un tel détail d'affaires qu'elle est dans l'impossibilité de porter son attention sur une œuvre d'ensemble et de donner l'impulsion nécessaire pour la Colonisation d'un aussi vaste pays.

Ici nous n'hésiterons pas ; ici nous dirons que l'on doit,

non pas modifier, mais supprimer le système ; non pas le supprimer petit à petit, mais le supprimer immédiatement et radicalement. Nous ne sommes pas, qu'on veuille bien nous croire, pour les aventures hasardeuses en fait de mesures d'Etat ; mais quand une longue expérience a démontré tous les vices d'une mesure , quand la raisou la plus élémentaire montre à côté un correctif plus avantageux, et plus simple : ce n'est pas de l'imprudence que de savoir renoncer au passé, c'est simplement du bon sens, du coup d'œil et de la prudente énergie du véritable homme d'Etat. Continuer des tâtonnements ruineux, prendre des demi-mesures qui ne sauront pas démontrer leur efficacité, c'est de la faiblesse dont on doit se garder.

Or, la concession de gré à gré décourage les colons, empêche l'Emigration, occupe outre mesure l'Administration. Que l'on substitue la vente publique à la concession et ces désavantages capitaux disparaissent. Si l'on veut, contre notre avis, conserver toutes les charges qui pesaient sur les concessions, rien ne s'oppose à cela dans le système des ventes.

Nous demandons donc qu'il soit ordonné qu'on supprimera sans délai toute concession gratuite ; que toutes les terres disposées pour être livrées en concession seront mises en vente, aux clauses et charges imposées aux concessionnaires, et que l'adjudicataire, comme garantie première, versera, soit son prix d'achat, soit une partie des rentes entre les mains de l'Administration au moment même de l'adjudication.

Telle est la mesure d'urgence à prendre, tel est le remède le plus à portée pour produire promptement d'heureux effets. Dans un pareil système, nous pourrons attendre patiemment et discuter à loisir les divers points de détail qui pourront rendre ces ventes plus efficaces au point de vue de la Colonisation.

Et c'est en vue de celte amélioration désirable que nous continuons par l'examen et la discussion détaillés du système des ventes.

DE LA VENTE DES TERRES DE COLONISATION.

La substitution de la vente des terres aux concessions de gré à gré est la question soumise à l'examen de l'Administration. Cette modification sera-t-elle complète ou seulement partielle? Quel procédé de vente adoptera-t-on? Telles sont les questions qui sont actuellement examinées et posées, et que, nous aussi, nous examinerons avec quelques détails.

Quand, l'année dernière, il nous fut annoncé par un journal, qui paraît recevoir certaines confidences officielles, que prochainement l'Algérie apprendrait une bonne nouvelle, que les terres de Colonisation ne tarderaient pas à être livrées en vente; nous accueillîmes, en effet, cette nouvelle avec joie. Nous allions voir enfin l'aurore de ce beau jour du succès, rêvé dès leur arrivée par tous les colons et fuyant sans cesse devant eux. Mais, plus tard, des inquiétudes vinrent se mettre à la traverse de notre joie, et ce fut encore l'*Akhbar* qui nous apporta ce correctif à la bonne nouvelle. Cette fois-ci, la vente des terres n'était plus un système destiné à une application générale, mais devait former encore exception. Le système des concessions restait la règle générale et le système des ventes ne s'appliquait qu'aux terres ayant acquis une valeur vénale de quelque importance.

Sans doute, et nous y comptons bien pour le cas actuel, l'*Akhbar* n'a pas le secret et le dernier mot de toutes les mesures gouvernementales, mais nous sommes habitués à le voir si souvent bon prophète que nous devons le supposer représentant l'opinion de quelques personnes influentes, ou recevant les avis de quelques personnes bien informées. Aussi, ses derniers articles nous ont-ils sérieusement inquiétés, et cherchons-nous à combattre ce qu'il approuve.

Le système des concessions serait la règle, le système des ventes l'exception.

Si nous osions nous flatter d'avoir pu faire partager nos convictions sur le régime des concessions, il serait oiseux de combattre ce projet, le système des concessions disparaîtrait sans retour. En continuant par l'exposé du système des ventes tel que, selon nous, il doit être pratiqué, peut-être cette simple opposition des deux systèmes suffira-t-elle pour renverser les dernières prétentions de l'ancien régime.

Vérification des titres indigènes et recherche des terres de Colonisation.

Si le système des ventes est adopté partout exclusivement à tout autre, le rôle de l'Administration est considérablement simplifié, surtout si, comme nous le proposerons plus loin, le titre définitif sans aucune restriction est donné à l'acheteur. Mais en même temps qu'il est simplifié, ce rôle doit s'élever à une mission plus haute, doit étendre ses travaux sur la surface entière du pays. Il doit avoir pour objet capital de vérifier et confirmer les titres indigènes, et de classer et mettre en vente les terres de Colonisation.

Ici se présente naturellement une objection. Le sol de l'Algérie est divisé en deux catégories répondant aux deux juridictions administratives qui la gouvernent. Autour des principales villes, et dans un rayon plus ou moins étendu, sont les territoires civils, dans lesquels l'autorité civile administre, sinon exclusivement, du moins d'une manière prépondérante : territoires encore restreints, mais grandissant tous les jours et destinés à s'étendre sur l'Algérie entière. A l'exception de ces territoires civils, le pays entier est dit territoire militaire; il est gouverné et administré par les officiers de l'armée, ou sous leur autorité et leur surveillance directe; juridiction destinée à se restreindre sans cesse et à disparaître entièrement devant les progrès de la civilisation, pour faire place à la juridiction civile.

Nous n'examinerons pas la question, souvent débattue,

de l'opportunité de ces distinctions territoriales et administratives. Le régime militaire surtout a été en butte aux
attaques les plus violentes et a servi de texte aux conclusions les plus exagérées et les plus inopportunes. Nous ne
nous aventurerons qu'avec réserve sur un terrain que nous
n'avons pas l'intention d'examiner dans ses détails avec
toute l'attention qu'il mérite. Nous dirons seulement que
le régime militaire a été et est encore, pour beaucoup de
services administratifs, trop exclusif de l'immixtion civile
dans les territoires militaires. Mais quant à adopter des
mesures radicales, à réduire les attributions de l'armée
au rôle qu'elle joue en France et dans les pays civilisés,
nous croyons la chose tout à fait mauvaise. Ce qui conviendrait mieux, et serait d'un plus grand profit pour le
pays, ce serait d'intéresser davantage l'armée aux progrès
de la Colonisation et de la civilisation européennes, en
évitant avec soin de mettre, comme il arrive peut-être, ses
justes prétentions d'influence en opposition avec les progrès
du pays, et en lui faisant une large et honorable part, con-
jointement avec l'autorité civile, dans toutes les grandes
entreprises de transformation politique et sociale en
Algérie. Il y a longtemps, si jamais elle a eu crédit, que
l'idée de faire de l'Algérie un grand fief militaire a été
abandonnée. Mais si l'armée a renoncé à ces espérances
impossibles, elle ne peut voir qu'avec déplaisir la tendance
de certains esprits à supprimer complètement son action.
Il y a un grand nombre de fonctionnaires militaires, occu-
pant des positions élevées, qui ont conservé une affection
particulière pour ce pays dont l'histoire retrace à chaque
page leurs propres actions et qui ont la conscience de
l'avoir servi, non pas seulement par l'épée, mais aussi par
leurs études et leur administration. Il y a un nombre considérable d'officiers qui ont fait de ce pays une patrie
d'adoption, qui se sont appliqués avec une persévérance
méritoire à en approfondir les mœurs, les ressources ; qui,
tous les jours, rendent des services signalés dans leur position à la fois militaire et administrative, qui assurent la

paix dans nos possessions, modifient petit à petit les vices et les abus de l'Administration indigène et préparent ainsi l'établissement paisible de la Colonisation européenne. Ces hommes, qui ont la conscience de leurs services, se montreront certainement peu empressés pour le développement de la Colonisation, s'ils voient qu'on veut leur enlever toute participation digne de leurs antécédents dans cette grande entreprise. Mais, au contraire, en supprimant la distinction de territoires civils et de territoires militaires, qui fait une part exclusive aux uns et aux autres, si la Colonisation devient une œuvre d'ensemble dans laquelle les chefs militaires occupent dans tous les cas un rôle important, il est hors de doute qu'ils concourront à cette œuvre de paix avec la même ardeur qu'ils ont mise à l'œuvre de la conquête, et qu'ils la faciliteront beaucoup par le concours de leur activité, de leurs lumières et de l'influence acquise sur les Indigènes.

C'est au Gouvernement à méditer et résoudre cette grave question qui est le premier pas à faire dans la voie d'une Colonisation sérieuse et prompte du pays. Pour nous, nous ferons abstraction de ces distinctions administratives qui font que souvent les ouvriers de la même tâche et travaillant pour le même maître, cherchent à s'entraver les uns les autres. Nous supposerons ce qui doit être, et ce qui sera, nous l'espérons, que tous, travaillant pour un but commun, concourront avec accord à l'atteindre : et nous désignerons par l'Administration l'ensemble des autorités civiles et militaires dont le ressort n'a de limites que nos frontières, et unies spécialement pour la grande œuvre de la Colonisation.

Nous disons que la grande tâche de l'Administration doit être la régularisation de la propriété indigène, le classement et la vente des terres de Colonisation. A cet effet et afin de suffire autant que possible à tous les besoins de l'Emigration, un travail d'ensemble doit s'entamer et se poursuivre sans relâche sur toute la surface du pays. Toutes les villes où nous sommes solidement établis, où notre autorité est incontestée, doivent être le siége de commissions permanentes dont les fonctions exclusives consisteront à examiner les titres des Indigènes, à apprécier les droits résultants de l'occupation du sol, à délimiter d'une manière définitive les terres qui seront attribuées à chaque Indigène, et à donner ensuite pour ces terres un titre en règle avec tous les droits de la propriété telle qu'elle est définie au Code.

En même temps, ces commissions opéreront sur les terres de Colonisation qui ressortiront de cet examen des titres indigènes. Elles désigneront, s'il y a lieu, le périmètre et les terres des villages en projet, feront la division de ces terres, diviseront les autres terres en lots de dix à trente hectares, suivant la fertilité et la disposition du sol. Enfin, elles feront une description suffisamment détaillée de ces lots et fixeront la mise à prix qui devra servir de base à la vente.

Au lieu de donner à ces commissions le pouvoir de juger et de valider en dernier ressort les titres indigènes, on peut déférer leurs propositions à une commission supérieure qui après avoir entendu les parties s'il y a lieu, ou bien admettra le travail, ou bien le renverra pour être modifié suivant ses décisions. Mais quel que soit le mode que l'on adopte pour la validation de ce travail, il faut éviter de disséminer l'autorité et de multiplier les ressorts en appel. Cette vérification des titres est une conséquence de la conquête ; c'est une mesure d'un caractère despotique, mais utile, nécessaire. On ne peut se flatter qu'il soit possible d'y apporter les règles d'une stricte justice et qu'on puisse jamais la faire accepter sans amertume par les Indigènes. Il faut donc leur faire traverser avec rapidité cette crise dans leur fortune, et leur offrir, aussitôt après leur resserrement, une compensation dans la sécurité inattaquable de leurs titres, et cette compensation, ils l'estimeront dès qu'ils la comprendront bien supérieure au tort qu'ils ont souffert.

Actuellement il n'en est pas ainsi. Les Arabes se voient souvent réduits dans leurs propriétés pour satisfaire aux besoins actuels de l'Administration, sans être tranquillisés pour l'avenir. Ils ont encore à subir des vérifications plus exactes et restent des années dans une attente cruelle. Nous pensons qu'il leur est dû une solution prompte et définitive. Nous pensons que par là le pays y gagnera beaucoup en faisant rentrer dans le droit commun une foule de terres qui se trouvent en quelque sorte maintenues sous le séquestre. Aussi pensons-nous qu'on doit laisser une grande autorité aux commissions dont nous avons parlé tout à l'heure. On doit leur recommander de procéder avec promptitude dès qu'une affaire est entamée ; car les solutions promptes remédieront le mieux au trouble que leur mission doit introduire dans les affaires des Indigènes, et même aux erreurs inévitables. La décision une fois confirmée par la commission supérieure, le fait serait jugé sans appel et ne pourrait donner lieu qu'à un recours en dommages-intérêts en cas d'erreur flagrante ; mais jamais produire une restitution des biens. C'est ainsi qu'on évitera des instances continuelles qui arrêteraient à chaque pas notre marche.

Les documents fournis par les commissions d'examen,— c'est ainsi que nous désignerons les commissions chargées de la vérification des titres indigènes et de la répartition des terres de Colonisation, — seraient centralisés dans chaque province au fur et à mesure de leur légalisation définitive par la commission supérieure. On fixerait le jour où les ventes doivent se faire dans les différentes localités, et l'on publierait dans un journal spécial tous les documents relatifs aux lots mis en vente, en résumant les clauses du cahier des charges. Ces publications, sous peine de nullité, devraient être faites, un mois au moins, avant l'époque de la vente. Enfin, les dates des ventes seraient réglées de manière que les mêmes acheteurs pussent, autant que possible, assister à toutes et atteindre ainsi plus facilement leur but.

Du mode de vente le plus convenable.

Quel mode de vente adopterait-on ?

D'après les renseignements que nous avons obtenus et que nous croyons exacts, l'Administration inclinerait pour la vente par soumissions cachetées.

Nous croyons ce mode tout à fait défectueux pour ce cas. C'est le système adopté le plus souvent pour les adjucations de travaux publics, de fournitures de l'Etat. Mais lorsqu'il s'agit de travaux publics ou de fournitures de l'E-tat, il est possible d'établir par des calculs précis la valeur approximative des dépenses. Le soumissionnaire se préserve de la ruine en restant au-dessus de cette valeur : l'Etat se défend d'un trop grand dommage en fixant un prix maximum inconnu des soumissionnaires. Dans ce cas, l'entraînement de la rivalité peut avoir des dangers et faire ajourner ou manquer les entreprises publiques, et le système des enchères, qui est le mieux fait pour exciter cette rivalité, peut être impropre.

Mais quand il s'agit de nos terres de Colonisation, il est impossible de désigner une valeur approximative qui serve de base à l'Administration et de guide aux soumissionnaires. Si l'on pense à leur valeur intrinsèque conparativement à la France, eu égard au revenu qu'on peut en tirer, nos terres valent le plus souvent 2 et 3,000 fr. l'hectare, comme dans les meilleures contrées de France. Mais suivant leur état d'inculture ou de culture, leur position, suivant leurs qualités aussi, et enfin vu le petit nombre actuel des acheteurs et la position précaire des propriétaires, nos terres ont une valeur si variée qu'elle est à peu près insaisissable. Cette valeur varie de 10 fr. à 1,000 fr. l'hectare ; et l'on voit tous les jours, dans les mêmes lieux et dans les mêmes conditions, des terres vendues à 80 fr., et d'autres à 300 fr.

Comment donc se guideront les soumissionnaires ? La valeur réelle est trop élevée pour pouvoir les guider. Ils seront obligés de flotter au hasard entre la crainte de manquer l'acquisition et la crainte d'offrir beaucoup plus que leurs concurrents. Nous prédisons que, par ce système, on éloignera les vrais colons et les plus nombreux, c'est-à-dire la foule des cultivateurs trop prudents pour hasarder leur argent, trop ignorants pour savoir calculer les chances. Ceux qui bénéficieront de ce système, seront les spéculateurs qui créeront aussitôt sur cet article une branche nouvelle d'industrie. Il y aura des gens qui suivront assidûment les ventes, qui sauront se tenir au courant des compétiteurs et parfois les éloigner ou les faire échouer par des manœuvres adroites, qui sauront pénétrer le secret du bulletin cacheté de l'Administration, qui se tiendront au courant des arrivages d'émigrants pour céder leur acquisition, qui, en un mot, feront métier d'acheter et de vendre des terres au détriment de l'Etat et du colon.

Nous ne sommes pas de ceux qui crient aussitôt haro à toute spéculation. Mais nous croyons que, pour le cas, l'Etat doit éviter une combinaison qui favorise trop spécialement les habiles et écarte les vrais colons, qui crée une industrie inutile et onéreuse dont les profits se prélèvent et sur l'Etat et sur l'Emigration. Sans doute, le système des soumissions cachetées n'attirera pas seulement que des spéculateurs. Beaucoup de colons en useront si c'est le seul moyen d'aliénation adopté ; mais il n'y aura à savoir le mettre à profit sans mécomptes que les gens habitués à traiter des affaires. Nous répétons que le mode des soumissions cachetées n'est à la portée que d'un petit nombre et qu'il est difficilement accessible à la foule des émigrants. Et comme, si nous voulons sérieusement coloniser, il faut faire entrer ceux-ci en ligne de compte, nous sommes d'avis que ce mode de vente doit être rejeté.

La vente de gré à gré à prix débattu paraissant n'avoir aucun partisan, nous croyons inutile d'en parler longuement. Nous dirons seulement qu'elle présente pour l'Administration les mêmes embarras que le système des concessions, et pour la Colonisation les mêmes entraves. Qu'elle éveillerait de dangereuses convoitises, et accréditerait de fâcheuses suppositions au détriment de la morale publique et de la dignité de l'Administration. Malgré le profit qu'y pourrait faire le Trésor, nous croyons dix fois préférable le système si peu pratique des concessions. On accuse celui-ci, entre autres défauts, d'engendrer le favoritisme, mais non la concussion.

M. Hippolyte Peut, dans un article récent des *Annales de la Colonisation algérienne*, et, d'après lui, le journal la *Colonisation*, ont aussi examiné succinctement le système des ventes qu'il convient d'adopter en Algérie. M. Peut, après avoir relaté avec beaucoup de sagacité le système de Colonisation des Etats-Unis, conclut en conseillant de transporter en Algérie le mode de vente en usage au delà de l'Atlantique.

Aux Etats-Unis, les terres de Colonisation sont cotées uniformément à un prix fixé par le Gouvernement de l'Union, et elles sont vendues au premier qui en donne ce prix : c'est un procédé excellent là-bas, mais qui serait actuellement impraticable ici. En Amérique, malgré l'affluence considérable des émigrants européens, malgré les émigrations plus considérables encore qui partent journellement des Etats maritimes pour s'enfoncer dans les déserts de l'Ouest, les ressources territoriales sont encore si grandes, que le Gouvernement peut très facilement suffire aux besoins des colons.

Les dispositions préliminaires à prendre vis-à-vis des Indigènes sont très simples. On rassemble les chefs d'une tribu indienne. On leur offre quelques vêtements grossiers, quelques armes, parfois un peu d'argent, et on leur demande en échange leur territoire. Il n'est question que de paroles de paix et du respect des droits. Mais, dès longtemps, les Indiens ont appris que toute résistance est inutile, et qu'ils ne sauraient arrêter le flot envahissant. Ils signent le traité, se retirent plus loin dans l'Ouest, et le Gouvernement se trouve en possession d'un territoire grand comme plusieurs de nos départements.

Agissant sur un territoire vaste, compact et dépeuplé

de ses habitants, il est facile d'y établir des plans sans retard ni contestation ; et ce territoire est livré à la Colonisation, tandis que d'autres territoires, précédemment livrés, offrent encore des terres disponibles aux colons. Ceux-ci donc, malgré leur affluence, se trouvent toujours à l'aise dans leur choix, et l'installation des pionniers, quoique s'opérant avec rapidité, se fait sans encombre ni lutte.

C'est cette ampleur d'espace, cette évacuation complète de la part des Indigènes, qui peut rendre possible le droit de préemption. Un homme s'avance dans un territoire non encore classé ; il se trace à l'aise un domaine de son choix et s'y installe. Pourvu qu'il ait fait acte de possession et de délimitation en établissant une barrière ou en creusant un fossé de ceinture, ce domaine est à lui, sauf à en payer la valeur, lorsque le Gouvernement aura fixé le prix des terres du canton. Procédé admirablement propre à favoriser la Colonisation par la liberté laissée aux Colons. Mais ce droit de préemption suppose des terres de Colonisation très vastes et dégagées de toute occupation du sol par les Indigènes. Nous le croyons complètement inapplicable en Algérie.

Quant au système américain de vente à prix fixe, que M. Peut voudrait voir appliquer en Algérie, nous sommes loin de le condamner en principe, mais nous croyons fort douteux qu'il soit d'une pratique possible. Pour que ce système soit applicable avec fruit, il faut que les terres disponibles et mises en vente soient toujours de beaucoup supérieures aux demandes des colons ; car, s'il y a pénurie de terres, on verra les colons assiéger l'Administration pour être prévenus dès que les terres seront en vente ; on les verra insister pour acheter d'avance des lots non classés ; et, en somme, on verra les hommes influents, protégés ou habiles, profiter seuls du bénéfice de la vente, au détriment des émigrants obscurs et ignorants. Dans ce cas, il est impossible de fixer un prix de vente uniforme, car la concurrence élève la valeur des terres. Et, si on les donne au-dessous de cette valeur inconnue, c'est faire bénéficier quelques uns au détriment de l'Etat et au détriment des émigrants qui ne peuvent qu'en petit nombre se mettre sur les rangs.

Si, au contraire, les terres disponibles étaient en très grande quantité, si nous avions, par exemple, 20,000 hectares dans la vallée du Chélif, 10,000 dans celle de l'Isser, autant et plus dans d'autres régions, et si le tout, divisé en lots, était mis en vente au prix fixe de 30 francs l'hectare par exemple, ce prix représenterait la valeur exacte de la terre, au moment de la prise en possession ; c'est-à-dire que tout d'abord, vu le peu d'affluence des colons, il n'y aurait que les terres de qualité supérieure qui vaudraient le prix demandé. Et à mesure que la population augmenterait, les terres restantes atteindraient petit à petit ce prix quelle que fût leur qualité.

Mais comment pouvons-nous espérer avoir tout d'abord une avance de terres prêtes à vendre, assez considérable pour appliquer ce système. Il faudrait pour cela suspendre, pendant un certain temps, toute aliénation de terres, arrêter conséquemment l'Emigration pour lui préparer une place suffisante, puis la rappeler quand on serait prêt à la recevoir. Ceci suppose une intermittence fâcheuse dans le mouvement de l'Emigration, et nous sommes bien convaincus que les Etats-Unis évitent cet inconvénient. S'ils publient en Europe comme en Amérique, au fur et à mesure de l'allotissement, les documents relatifs à la mise en vente des terres dans les discrits nouveaux, ce n'est pas pour appeler exceptionnellement un flot d'émigrants qui s'arrêtera ensuite ; c'est pour montrer à l'Europe que les Etats-Unis continuent toujours à avoir des terres disponibles, et que les émigrants peuvent continuer, comme par le passé, à affluer avec la certitude qu'ils trouveront l'emploi immédiat de leurs fonds et de leur travail.

La vente des terres à prix fixe n'est donc pas applicable immédiatement. Mais que les commissions d'examen, dont nous avons proposé plus haut la formation, soient répan dues en très grand nombre sur la surface du pays, qu'elles se mettent à l'œuvre avec ardeur et persévérance. Si elles peuvent fournir des terres en assez grande quantité pour suffire aux besoins de l'Émigration par la vente aux enchères; si, ce premier point atteint, elles peuvent dépasser les besoins de telle sorte qu'elles puissent fournir par avance une réserve assez considérable de terres classées qui par l'absence des concurrents restent au-dessous de la mise à prix ; alors on pourra déclarer qu'à l'avenir, toute terre disponible sera vendue au premier demandeur pour cette mise à prix. Mais il sera très difficile d'atteindre ce résultat, vu les nombreuses difficultés du classement des terres indigènes. Quoi qu'il en soit, c'est un mode de vente qui ne saurait être appliqué pour le présent; nous devons donc nous contenter de le signaler comme un but désirable qui, une fois atteint, laisserait à la Colonisation et à l'Émigration son allure la plus uniforme, la plus franche et la plus rapide.

Reste maintenant le système de vente aux enchères publiques, et c'est celui pour lequel nous opinons sans réserve. Dans ce cas, tous les concurrents se présentant avec des chances à peu près égales, quelle que soit leur instruction et même leur expérience du pays, le nouveau débarqué peut sans crainte se mettre sur les rangs, car il trouve dans l'enchère de son voisin un renseignement valable, et, en surenchérissant, il n'aventure rien au-delà de ce qui est strictement exigé pour faire admettre son enchère.

On a exprimé la crainte que l'affluence parfois très grande des acheteurs ne fasse monter un jour les terres à un prix exagéré qui découragerait les compétiteurs, les éloignerait, en sorte qu'un autre jour la vente se ferait à vil prix. Il est très facile de remédier à cet inconvénient, s'il est vrai qu'il puisse exister. A cet effet, l'*Akhbar* propose de partir d'un prix maximum et de baisser successivement la mise à prix jusqu'à un prix minimum également fixé; on adjugerait au premier acceptant. Le moyen est bon ; toutefois nous y apporterions une petite modification.

Au lieu de procéder par l'enchère au rabais, nous procéderions en partant de la mise à prix inférieure en laissant aux acquéreurs le droit d'enchérir les uns sur les autres. On adjugerait au dernier enchérisseur après les délais voulus, ou à celui qui, le premier, se déciderait à offrir le prix maximum.

Mais nous croyous peu au danger de l'entraînement des acheteurs, et surtout à des différences extrêmes dans les prix. On nous dit qu'en Amérique les choses se sont passées ainsi, et que cette incertitude des prix éloignait bientôt les concurrents. Nous pouvons le croire et l'expliquer. La pépinière des colons américains, ce sont surtout les Etats de la Nouvelle-Angleterre et ceux qui les avoisinent : c'est aussi dans ces Etats qu'aborde la presque totalité des colons européens. Or si, comme il arrive le plus souvent, les terres à vendre sont situées sur quelque affluent de la rive droite du Mississipi, c'est plusieurs centaines de lieues que les acquéreurs ont à faire, et en partie à travers des déserts. Pour eux, l'incertitude du prix est une cause d'abstention, et ils peuvent hésiter à un déplacement aussi grave et aussi coûteux, lorsqu'ils ignorent s'ils pourront effectuer leurs projets. De ces abstentions peuvent donc résulter des ventes à très bas prix ; et de ces bas prix résulteront une autre fois une grande affluence et des prix très élevés.

En Algérie, nous n'avons pas à craindre de tels résultats. En effet, l'Algérie est petite comparée à l'Amérique. Il suffira d'un petit voyage de quelques jours, n'offrant ni dangers, ni fatigues, pour se rendre au lieu où se font les enchères, quelque soit le point que l'on habite; et tout homme, ayant des intentions sérieuses d'achat, n'hésitera pas à entreprendre ce voyage. Si donc il n'existe pas de raison sérieuse pour que les acheteurs s'abstiennent, il est à croire qu'ils se présenteront. Dès lors les prix seront suffisamment réguliers, et les variations s'établiront d'après la qualité des terres, d'après leur position, d'après les progrès de l'Emigration et de la Colonisation, et ne devront pas être attribués au système de l'enchère.

Nous concluons que la vente des terres aux enchères publiques est le mode de vente le plus convenable.

***

Des charges imposées aux acheteurs.

Nous avons exposé plus haut combien la plupart des charges imposées actuellement aux concessionnaires, présentent d'inconvénients ; il est inutile de répéter ici qu'il faudrait les abandonner complètement dans le système des ventes substituées aux concessions.

Une seule de ces conditions cependant mérite encore examen ; c'est la seule pratique, d'un contrôle facile et de résultats sérieux, la seule qui, aujourd'hui même, soit réellement exécutée : c'est la condition de bâtir. Toute habitation dans ce pays trouve toujours ses habitants ; dès lors, la terre est mise en culture et l'avenir de l'exploitation assuré. Toutefois, cette condition même, nous croyons qu'on doit la supprimer. Ce n'est pas encore à cette mesure qu'il convient de demander la garantie d'exploitation ; il en est une autre aussi efficace que nous exposerons tout à l'heure et qui n'offre pas les inconvénients de celle-ci.

Si l'on exige, comme aujourd'hui, que le colon construise à bref délai, on lui impose une charge très onéreuse, et souvent on l'entraîne ainsi à la ruine.

Si l'on allonge de beaucoup les termes prescrits pour l'accomplissement de cette condition, le colon peut économiser sur son logement et s'installer dans une chaumière comme font les pionniers américains ; il peut alors employer toutes ses forces à la culture et à mesure que les récoltes rentrent, il édifie petit à petit sa demeure.

Le danger signalé plus haut est donc ainsi éludé. Mais on pourrait, dans ce dernier cas, contester l'efficacité de la mesure. Et dans tous les cas, d'ailleurs, il se présente un autre inconvénient extrêmement grave et que l'on ne peut éviter que par la suppression de cette charge.

Nous avons engagé l'Administration à diviser les terres

de Colonisation en lots variant de dix à trente hectares.
C'est pour donner à chacun les moyens de faire vivre sa
famille dans l'aisance, pour mettre toutes les terres à la
portée du plus grand nombre et en tirer conséquemment
le meilleur parti. Mais on doit bien se garder d'avoir pour
but de constituer ainsi uniquement la moyenne propriété.
La grande propriété ne doit pas être soumise à des mesures
d'exclusion ; ce serait bien mal comprendre les intérêts de
la Colonisation et du progrès agricole. Mais nous disons
que la grande propriété ne doit être favorisée par aucune
mesure de protection exceptionnelle, qu'elle doit chercher
sa place uniquement dans le droit commun. Celui donc
qui voudra se faire un domaine pourra acquérir plusieurs
lots contigus ; et même pour rendre ses projets plus faciles
à réaliser, on pourrait réunir, dans certains cas, des lots
déjà adjugés provisoirement, les mettre à prix sur la somme
des enchères précédentes et les adjuger au premier acquéreur qui couvrira cette nouvelle enchère. Jusqu'ici donc,
la grande propriété a la place libre comme la petite.

Si maintenant l'on impose l'obligation de construire une
maison par chaque lot, on laisse vivre, il est vrai, le grand
propriétaire, mais on atteint la grande propriété ; on supprime la grande culture au profit exclusif de la petite. De
cette manière on parsèmera le pays de petites métairies, et
l'on excluera les grands établissements agricoles qui, bien
souvent il est vrai, faute d'intelligence dans la direction, sont en retard sur la petite culture ; mais qui, bien
dirigés, réalisent l'économie du travail, l'élévation des
revenus, développent la science agronomique et modifient
les méthodes imparfaites du voisinage. De cette manière,
toute agglomération des lots deviendra onéreuse et difficile,
et de là s'ensuivra une gêne dans le développement libre
de la Colonisation.

Mais, dira-t-on, pourquoi ne pas faire des lots de 50,
100, 200 hectares, afin de pouvoir, sans inconvénients,
conserver la condition de bâtir ? Parce que nul, autant que
l'intéressé, n'est propre à choisir la position et les conditions

qui lui conviennent pour l'établissement de sa grande ferme. Parce que, surtout, de tels allotissements ne seraient pas à la portée du grand nombre, et formeraient, au profit de quelques uns, une diminution de prix, un privilége. Or, si l'on doit bien se garder de porter atteinte à l'établissement des grandes propriétés, on doit bien se garder aussi de les favoriser exceptionnellement ; car si les grandes propriétés et les grands propriétaires peuvent parfois être un bien pour un pays, ce n'est que l'exception ; et tous les raisonnements, fondés habituellement sur ces exceptions, deviennent, à l'examen de la pratique ordinaire, des paradoxes et des contre vérités. Nous croyons donc qu'il n'y a pas lieu de faire de sacrifice au profit de la grande propriété en lui assignant d'avance des lots hors de la portée du grand nombre. Mais nous croyons aussi qu'on doit ne lui porter aucune entrave, la laisser se constituer librement dans le droit commun, et lui permettre de se former de l'agglomération des lots formés en vue des besoins d'une famille modeste.

Et pour que cette liberté existe de fait, il faut qu'on ne soit pas obligé de bâtir sur chaque lot ; il faut, en définitive, supprimer cette obligation de bâtir.

Si donc l'on supprime toute obligation de culture et de construction, où donc l'Etat trouvera-t-il la garantie que les terres seront cultivés, et que le colon laborieux, défrichant au milieu d'une solitude, ne verra pas indéfiniment ses voisins persévérer dans l'inculture et continuer à l'entourer de leurs terres désertes ?

On pourrait, sans trop de présomption, compter sur les efforts libres de l'industrie pour éviter ce danger. On pourrait croire que des gens qui ont consenti à un sacrifice d'argent pour acquérir des terres, qui voient les résultats très satisfaisants de la culture dans ce pays, qui voient une foule d'émigrants arriver à l'appel d'un système libéral et chercher de tous côtés, soit à acheter, soit à affermer, on pourrait croire que ces gens ne persévèreraient pas long-temps à laisser leurs capitaux improductifs, et leurs terres dans l'inculture. Et, en faisant ce compte, on ne présumerait rien qui ne se trouve justifié partout où l'on pourrait chercher des analogies avec leur position.

Mais il est un moyen coërcitif qui lèvera toutes les craintes. Et comme ce moyen est dépouillé de tout arbitraire dans son application, qu'il dérive des principes les plus inattaquables en matière de droit public, et qu'il est conforme aux règles politiques les plus accréditées et les plus souvent appliquées, nous y adhérons complètement. Ce moyen, c'est l'*Impôt*. Nous disons l'impôt et non pas la rente, parce que la rente est le prix rachetable de la terre, et que l'impôt est la redevance inaliénable, perpétuelle, que la terre doit à la société qui la protége par ses forces et ses lois, doit au Gouvernement. Nous disons l'impôt et non pas la rente, non pour préparer des exceptions dans un pays où l'impôt foncier est inconnu, mais au contraire pour préparer tout d'abord les nouveaux acquéreurs à une mesure à la fois juste et fertile en résultats qui sera un peu plus tard appliquée à toutes les terres.

Mais, sans généraliser en ce moment la question, parlons seulement de l'impôt sur les ventes à venir. On ne peut en contester la justice. L'État a des terres qu'il veut vendre; au lieu de les vendre franches de toute charge, il les vend frappées d'un impôt. Naturellement l'acquéreur tient compte de cette charge, et il offre un prix moindre. Il retient ainsi, par devers lui, le capital approximatif de l'impôt; il se paie en quelque sorte d'avance et n'a plus, conséquemment, aucune espèce de prétexte pour réclamer plus tard contre cet impôt.

Mais l'État fera-t-il bien de soulever cette question ? Sans doute; et il fait d'autant mieux qu'il la résout en même temps, sans aucune difficulté, sur une portion importante du pays. Il résume ainsi la question longtemps débattue, et fait disparaître tous doutes sur ses intentions pour l'avenir.

On peut comprendre tout de suite que la terre devant fournir un impôt, les acquéreurs chercheront à éviter cette perte annuelle en exploitant leurs terres. Mais, pour pouvoir embrasser cet ordre de considérations dans son ensemble, continuons d'abord par l'examen de la quotité de l'impôt et du mode de paiement du prix d'achat.

L'impôt peut-être basé sur la qualité des terres ; c'est ce qui se pratique notamment en France, et c'est ce qui paraît juste à un certain point de vue, lorsqu'on applique l'impôt sur des terres déjà en mains des particuliers, et qui ont déjà été l'objet de transactions. Mais, dans le cas qui nous occupe, cette raison de justice n'existe pas ; car, l'impôt étant une partie du prix consenti par l'acquéreur, il pourrait être, sans la moindre injustice, fixé même d'une manière tout à fait arbitraire par le vendeur, par l'Etat. Or, comme en admettant pour base de l'impôt la quotité ou ce qui revient au même le revenu probable, on s'engage dans des appréciations difficiles, on se prépare des réclamations nombreuses, nous pensons qu'il convient d'éviter à l'origine tous ces embarras et d'établir pour toutes les terres à vendre un impôt, dit impôt de surface, réglé uniformément pour toute l'Algérie.

Cet impôt, nous proposons de le porter à 3 francs par hectare ; il serait invariable pendant dix ans. Au bout des dix ans, l'Etat, usant de son droit souverain, le modifierait suivant ses besoins, soit dans sa quotité seulement, soit même dans son principe. Mais avant ce temps on pourra discuter s'il ne convient pas de conserver pour cet impôt la même base, le même principe. On pourra examiner si la terre doit être imposée suivant sa qualité, c'est-à-dire, le plus souvent, suivant l'incurie ou l'activité du propriétaire, ou bien suivant la place qu'elle occupe au soleil, suivant les embarras qu'elle donne à la société, suivant sa surface en un mot. On pourra voir enfin si l'impôt de surface qui est le plus simple, n'est pas en même temps le plus juste, et s'il ne serait pas l'agent le plus actif de Colonisation, non-seulement en Algérie, mais encore dans les landes de la Gascogne et de la Bretagne, dans les marais de l'Ouest, les montagnes de l'intérieur et les mornes de nos Colonies transatlantiques ; et si, enfin, il ne pourrait fournir la solution introuvable de l'aménagement des eaux pluviales par la Colonisation des montagnes, et garantir ainsi nos plus belles provinces françaises des inondations fluviales qui les ravagent.

Si l'impôt de surface, fixé à 3 francs par hectare est admis, c'est cet impôt même qui pourra servir de mise à prix. Quand, par exception, cette mise à prix ne sera pas couverte, il faudra non l'abaisser, mais attendre que l'affluence des émigrants ait donné une plus grande valeur aux terres, comme aux Etats-Unis on attend que l'accroissement de valeur fasse acheter, au prix unique fixé par le Gouvernement, les terres qui d'abord avaient été dédaignées.

Pour les sommes dépassant la mise à prix, voici comment, sauf modification dans les chiffres, nous proposons d'en opérer la rentrée :

L'enchère se ferait par adhésion à une rente de 1, 2, 3 francs, etc., par hectare.

Les trois premiers francs de rente ne pourraient être rachetés, au capital de 10 0/0, qu'au bout de cinq ans au plus tôt ; ce qui, pendant cette période, ferait avec l'impôt une dépense annuelle de 6 fr. par hectare.

Quand le chiffre des rentes serait monté à 7 francs, l'acquéreur serait libre de racheter les quatre derniers francs au capital de 10 0/0 à l'époque qui lui conviendrait le mieux. Mais toutes les rentes devraient être rachetées au plus tard dix ans écoulés après la vente.

Au-dessus de 7 francs de rente, ce qui, avec l'impôt, ferait une dépense annuelle de 10 francs par hectare, les enchères monteraient par sommes capitales que les acheteurs auraient le droit de payer, soit immédiatement, soit par annuités, suivant une règle uniforme, fixée par le Gouvernement.

Tous ces chiffres peuvent être modifiés sans inconvénient et probablement même d'une manière plus habile et plus efficace ; mais ils nous serviront de canevas pour baser nos raisonnements et faire ressortir les idées qui, selon nous, doivent guider l'Administration sur le point très important du mode de paiement.

Le mode de paiement que nous proposons est disposé pour satisfaire à deux objets importants. Le premier, c'est de rendre les terres facilement accessibles aux simples cultivateurs dont le travail peut suppléer à la médiocrité des ressources. Le second, d'opposer une barrière à l'inculture, en maintenant un impôt et une rente annuelle qui seraient une perte pour le propriétaire, s'il n'exploite pas.

Nous savons que le système de vente à rentes est un système discrédité dans ce pays. Après la conquête, il fut vendu par l'Administration, à prix débattus, un grand nombre d'immeubles domaniaux, moyennant des rentes annuelles et perpétuelles; plus tard, le système des concessions imposa une rente aux concessionnaires. Le recouvrement de ces rentes a donné lieu aux plus grands embarras, a exposé l'Administration à milles requêtes en réduction, en sorte que le Gouvernement, prenant une mesure générale, s'est décidé à sacrifier une bonne partie de ses créances, dans l'espoir de recouvrer l'autre partie.

Mais faut-il pour cela condamner le système, ou bien faut-il rechercher, dans les procédés administratifs eux-mêmes, la cause du mal et les remèdes faciles qu'on pourrait y apporter.

L'Algérie a toujours été soumise à un régime exceptionnel. En fait de finances par exemple, les biens de l'Etat, terres, impôts ou revenus, n'ont pas été portés sur l'inventaire ordinaire de la fortune publique, et ont été soustraits par conséquent au contrôle des pouvoirs constitutionnels. Ces pouvoirs sont intervenus, tous les ans, dans nos affaires pour fixer la subvention budgétaire à accorder à l'Algérie; mais ils se sont interdits toute immixtion dans le règlement du budget algérien proprement dit, et ont confié cette tâche exclusivement au pouvoir exécutif. La même chose a été faite en fait de législation. En sorte que le pouvoir exé-

cutif s'est trouvé le maître de la législation, de l'administration, des finances, etc., en un mot, le maître de l'Algérie.

Mais ici une grande faute a été commise. Le Gouvernement, et il ne s'agit ici d'aucune personnalité puisque le
point de départ remonte à bien des années en arrière, dé-
goûté peut-être par les oppositions qu'il rencontrait en
France et par les désagréments incessants qui en résultaient
pour lui, une fois maître du pouvoir en Algérie, l'a retenu
tout entier pour lui avec une défiance jalouse. Il s'est abs-
tenu de confier le moindre contrôle, de demander le
moindre conseil à ceux qui connaissaient le pays pour y
avoir leurs intérêts et qui auraient pu être représentés,
nous ne dirons pas par un conseil électif, mais seulement
par des notables de son choix. Il a mis obstacle au contrôle
et aux avis de l'opinion publique en maintenant la presse
dans une dépendance étroite. Toute la législation, toute
l'Administration, tous les pouvoirs ont été exclusivement
réservés à ses agents.

Mais dans l'ensemble si vaste de l'Administration française, on eût pu trouver encore, par la dissémination des
attributions, un contrôle de famille qui eût été un pallia-
tif à l'omnipotence gouvernementale. On a encore évité ce
que l'on eût appelé sans doute un embarras. Tout le poids
des affaires algériennes, si compliquées, si importantes, a
été réuni à une section d'un seul département ministériel ;
s'il y a eu quelques exceptions, elles ont été très passagè-
res. Dès lors, tout contrôle efficace a disparu et l'Administration locale, entraînée par l'amour d'autorité qui domi-
nait au-dessus d'elle, a cherché aussi à agrandir son action,
à augmenter sa compétence et ses attributions.

Quelles ont été les conséquences de cet état de choses
pour l'objet qui nous occupe? L'Administration algérienne
s'est trouvée revêtue d'une mission très difficile et en même
temps d'un pouvoir presque discrétionnaire. Elle a pu disposer à son gré d'une masse très importante de biens de
l'Etat. Elle a pu les vendre ou les aliéner à qui elle a vou-

lu, aux conditions qu'elle a voulu, hors de la vue du public, dans le secret du cabinet. Mais ce n'est pas tout. Même après la vente, elle a gardé encore, soit dans ses attributions avouées, soit par l'influence de ses conseils, le droit de modifier à l'avantage de ses débiteurs les conditions convenues avec eux.

Que devait-il résulter de cet excès, de cette concentration outrée de pouvoirs ? La force, sans doute ; non, la faiblesse. Les débiteurs de l'Etat n'ont pas manqué de profiter du recours qui était à leur portée. Ils se sont mis en instances continuelles pour obtenir une diminution ou une suppression de leur dette. Ceux qui ont réussi ont été un encouragement pour les autres. Et ceux qui n'ont pas réussi se sont bientôt aperçus que l'Administration était faible vis-à-vis d'eux : qu'étant, aux yeux de l'opinion publique, responsable des affaires algériennes dont elle avait la direction exclusive, elle craignait, en poursuivant rigoureusement ses débiteurs, de soulever des scandales qu'on aurait retourné contre elle. Aussi, la mauvaise volonté des débiteurs s'est-elle montrée plus ouverte et plus générale ; de telle sorte qu'enfin l'Etat s'est décidé à une transaction tout à fait à son préjudice, a donné gain de cause aux plus rebelles en renonçant à tous les arriérés et en réduisant le capital de ses créances.

Cette épreuve de la vente des immeubles à rentes doit-elle décourager et faire renoncer à ce mode de vente ? Nous ne le croyons pas. Car l'échec n'est pas venu de ce système même, mais de la répartition vicieuse des pouvoirs et de la faiblesse de l'Administration. Le système des rentes est le moyen d'aliénation le plus bienveillant pour les acquéreurs, le plus à la portée de toutes les bourses, le plus apte à attirer la concurrence et l'Emigration ; en un mot, c'est un système excellent. Mais il s'agit de savoir si l'Etat à l'avenir sera assez ferme pour réclamer et exiger péremptoirement ce qui lui est dû. Pour obtenir ce résultat, nous ne demandons pas des institutions algériennes spéciales, car nous espérons infiniment mieux, nous espérons la réalisation de ce mot célèbre et plein de justesse : Qu'on étendrait jusqu'à l'Algérie la carte de France. Ce que nous demandons, en attendant ce jour désiré, c'est que le Gouvernement, continuant à conserver ici l'autorité exclusive, divise davantage les pouvoirs donnés à ses agents; que le recouvrement des impôts, des rentes et de toutes les créances de l'Etat, soit remis à une administration purement fiscale; que cette administration, recevant son impulsion non des autorités locales, mais de ses devoirs formels, soit tenue de poursuivre d'elle-même et par tous les moyens de droit, la rentrée des créances à elle confiées; qu'enfin toute modification au détriment de l'Etat, apportée dans un contrat déjà conclu, toute réduction de prix capital ou de rente, toute cession, en un mot, d'une portion de valeurs appartenant à l'Etat, ne puisse être arrêtée que par un décret public du chef du pouvoir exécutif. Avec de telles mesures, le débiteur n'aura plus aucun échappatoire; il ne pensera plus à éluder les conventions librement consenties par lui, mais à les exécuter fidèlement. Et alors le système des rentes ne présentera plus aucun des inconvénients qui lui ont attiré la désapprobation d'une partie du public.

Ces inconvénients disparus, le système des rentes nous paraît très avantageux, car il permet à tous les émigrants, même pauvres, mais habitués au travail de la terre, de concourir pour l'achat des terres de Colonisation, en leur laissant le moyen de s'acquitter facilement sur les revenus de leurs terres. Il encourage donc l'Emigration et en même temps provoque la concurrence au profit de l'Etat. Peut-être vaudrait-il mieux avoir des émigrants à la fois cultivateurs et aisés. C'est l'Allemagne seule qui pourrait les fournir, et l'on peut douter que d'ici à longtemps l'Emigration allemande se dirige sur l'Algérie; on peut douter même que la population allemande convienne à notre climat. Quant aux paysans aisés de France, ils ne se décideront qu'à la longue à quitter leurs foyers pour chercher ici une position plus fortunée. Ceux qui viendront surtout, ce seront les paysans malaisés de France, puis les Espagnols, les Mahonnais et les Italiens, tous gens pauvres. Sachons-nous contenter de ces éléments qui sont loin d'être aussi mauvais qu'on le suppose très souvent. Songeons en même temps que, dans ce pays, le travail vaut une fortune ; songeons que l'argent apporté du dehors a été rarement une cause de succès, et qu'ici l'argent profitable au pays et à son maître, c'est celui qui sort petit à petit de dessous terre par le travail et l'économie

Préparons donc nos mesures pour les éléments de Colonisation dont nous pouvons disposer. Si l'on adoptait le mode de paiement du capital à courts termes, on éloignerait tout d'abord la grande majorité des concurrents, et les terres resteraient tout à fait à vil prix au grand détriment de l'Etat. Qui les achèterait alors ? Des agriculteurs en très petite quantité et surtout des spéculateurs. Ceux-ci, profitant de l'absence des concurrents, achèteraient à bas prix ; puis s'adressant à ces émigrants pauvres qui auraient été écartés par le mode de paiement, ils leur offriraient ce que nous proposons que l'Etat lui-même leur offre ; ils leur vendraient les terres à rentes et à longs termes, et tripleraient en quelques jours leur fortune. Nous connaissons des propriétés qui ont été concédées gratuitement par l'Etat et qui ont été presque aussitôt vendues à rentes pour 30 fr. l'hectare, rachetables à 7, 8 ou 10 pour cent. Les acheteurs, de pauvres qu'ils étaient, ont fait peu à peu leurs affaires, et les vendeurs ont encaissé ce qui aurait fort bien pu rentrer aux caisses de l'Etat.

Le second objet du mode de paiement que nous proposons, c'est d'obliger les acquéreurs à tirer promptement parti de leurs terres, et de suppléer ainsi à toutes les conditions insérées aujourd'hui dans les cahiers des charges des concessions. Il est évident, en effet, pour qui connaît l'état le plus ordinaire des terres de Colonisation, que l'impôt seul de 3 fr. et éventuellement la rente de 3 fr. et de 7 fr. par hectare, formeront une obligation très stricte de culture pour les propriétaires. Il y aurait très peu de propriétés qui pourraient par la location sans aucun tra-

vait préalable rembourser cette charge sans perte; les acquéreurs seront donc tenus de cultiver ou de faire passer leurs
terres en mains qui les cultivent. Ce résultat, nous le main-
tenons pour certain, et le désir de gagner venant en aide
à la crainte de perdre, on peut être assuré que les terres
vendues ne tarderont pas à être couvertes de maisons et
de cultures.

Cette contrainte indirecte de construire et de cultiver,
sera surtout pressante pour les grandes propriétés dont
la location est plus difficile et les rentes plus fortes. Et,
de cette manière, on se défend contre la spéculation à
longs termes sur de grandes terres, qui afflige à chaque
pas nos regards dans le système actuel de franchise d'impôts. Toute spéculation même deviendra très difficile, très
chanceuse ; toutefois, si elle se présente, il n'y aura plus
lieu de la redouter. La spéculation doit être repoussée et re-
doutée quand elle peut profiter d'un système qui favorise quelques uns au détriment du grand nombre. Mais
dans un système qui laisse une égale chance à chacun, la
spéculation, loin d'être un mal, est le plus souvent un
bien, considérée dans l'ensemble de ses effets. Il y aura sans
doute quelques individus qui feront métier d'acheter des
terres pour les revendre ; mais comme le mode de vente
rendra les terres accessibles à tout le monde, la spéculation sera très difficile, et conséquemment restreinte. Et
ceux qui y réussiront auront été obligés d'attirer les colons, soit par un allotissement plus attrayant, soit par
l'exposé des avantages de leurs terres, soit en appelant
eux-mêmes des émigrants d'Europe, auront été obligés, en
un mot, de se faire agents actifs de Colonisation.

Par ce mode de vente, la grande propriété n'est ni
exclue, ni protégée exceptionnellement ; elle se constitue
dans les conditions seules justes et désirables, celles du
droit commun. Si, comme il arrive par exception, elle
représente un progrès réel dans l'économie et la science
agricole et dans l'augmentation des produits, elle suppor-
tera légèrement les charges imposées à tous. Si, comme il

arrive le plus souvent, elle reste en retard du progrès et
de la culture, si elle produit moins et à plus haut prix ;
elle se morcellera par la vente ou par le métayage. Quant
aux grands propriétaires, c'est-à-dire ceux qni auront une
fortune foncière importante, ils sauront toujours se faire
une place suivant leur fortune ancienne, ou suivant celles
qu'ils acquerront par leur intelligence et leur travail.
Sans attacher à leur présence aucune des heureuses in-
fluences qu'on leur attribue souvent, on ne peut que s'ap-
plaudir de voir aussi l'agriculture conduire à la fortune
au lieu de courber tout le monde sous le niveau de la médiocrité. Le succès est assez difficile en ce genre, et il est
bon de faire voir par des exemples qu'il n'est pas impossible.

De l'enchère et du titre de propriété.

Nous énoncerons sommairement nos propositions sur ce
sujet.

Pour pouvoir enchérir, il faut déposer en mains du
fonctionnaire chargé de recevoir les enchères une somme
égale à l'impôt d'un an de la terre en vente.

Pour la validation de l'adjudication, l'adjudicataire devra payer aussitôt en mains du fonctionnaire, la première
annuité de la rente consentie et la première annuité du
capital s'il y a lieu. Toutes ces sommes seront portées sur
le titre de propriété.

Immédiatement après l'adjudication, le titre définitif
sera remis à l'adjudicataire, qui aura un délai de quinze
jours ou un mois pour désigner le véritable acquéreur.

Le titre sera définitif. Toutefois, afin de laisser aux mains
de l'Etat un moyen rapide et peu coûteux d'exproprier
ceux qui ne paieraient pas l'impôt et les rentes, nous voudrions que, pendant trois ou cinq ans, les propriétés ainsi
vendues fussent privées de certaines garanties. Pendant
cette période, et en cas de non paiement des impôts et
rentes, l'Administration, chargée de la rentrée des créances
de l'Etat, aurait le droit, après avis donné par la voie d'un
journal, de requérir l'expropriation sur simple requête

au tribunal. Celui-ci pourrait statuer sur preuves fournies par les comptes de cette Administration et en l'absence même des intéréssés s'il jugeait la preuve suffisante. Après trois ou cinq ans, alors que, selon probabilité, les terres auraient acquis une plus-value qui serait une garantie suffisante de la créance de l'Etat, ce privilége exceptionnel de l'Administration se trouverait éteint, et la propriété entourée de toutes les garanties du code.

Si le Gouvernement adopte les mesures libérales que nous avons rapidement énoncées dans cet écrit, la principale difficulté relative à l'Algérie est levée. Ce pays sera infailliblement lancé dans la voie d'un progrés rapide qui lui fera atteindre en peu d'années une position brillante et fortunée ; il pourra alors prendre son rang à côté des départements français, par une assimilation complète qui, pour être difficile, n'en est pas moins l'objet le plus désirable pour l'Algérie comme pour la France.

Avec ce système de vente, l'Etat peut laisser sans retour de côté tous ces entrepreneurs de Colonisation, toutes ces compagnies aussi vides de résultats que pompeuses dans leurs exigences. Nul alors mieux que lui n'est en état de mettre les Colons dans les meilleures conditions de succès.

La France sera ainsi exonérée en peu de temps de la subvention qu'elle nous fait, et l'accroissement rapide de nos fonds et revenus coloniaux permettra de donner une impulsion plus vigoureuse à l'établissement de nos routes et chemins de fer.

Enfin, l'Emigration française et européenne qui n'arrive aujourd'hui qu'avec défiance et sous l'impulsion des promesses et des subventions de l'Etat, prendra bientôt courage à la vue des mesures sages et libérales appliquées à l'aliénation des terres. Elle s'établira par un courant faible d'abord, mais régulier, puis grossissant sans cesse d'une manière progressive et se pressant à la vente des terres, elle s'étendra rapidement sur nos plaines, pénètrera jusque dans les retraites de nos montagnes, et assurera enfin, par le travail, la conquête de ce pays qui n'est encore que vaincu.

Nous savons bien que cet écrit, rapidement fait, est très insuffisant pour démontrer les nombreuses et importantes questions que nous soulevons. Notre excuse est dans le temps qui nous presse; car il s'agit ici de réformes qui sont déjà, nous dit-on, soumises à l'examen du Gouvernement. D'ailleurs, nous ne nous adressons pas à ceux qui ignorent nos affaires, mais à ceux qui les connaissent et qui, sans plus de détails, pourront comprendre et juger nos propositions. Et si l'on pouvait croire que, par faiblesse et vanité, nous nous appliquons à animer nos plans par l'énonciation de plusieurs nouveautés irréfléchies, qu'on nous épargne ce jugement. Que nous soyons dans la vérité ou dans l'erreur, ce n'est pas une improvisation que nous nous permettons sur des sujets aussi graves : c'est le résultat de plans souvent étudiés, sérieusement confrontés avec les faits, et confirmés enfin dans notre esprit par l'expérience de plusieurs années de la vie du colon algérien, et non pas du colon citadin, mais du colon des champs.

Bien des questions importantes surgissent d'elles-mêmes soit comme complément, soit comme conséquence des mesures que nous réclamons. Peut-être plus tard les examinerons-nous avec détail. Mais il en est une dont nous dirons aujourd'hui quelques mots; car elle sera plus d'une fois, sans doute, dressée contre nos idées. Il s'agit des colons étrangers qui, par le ystème des ventes, trouveront ici les mêmes facilités d'acquérir que les Français eux-mêmes.

Parmi les nombreuses inconséquences de l'opinion publique par rapport à l'Algérie, on peut compter comme une des plus notables celles qui se manifestent au sujet des étrangers. D'un côté, on appelle avec instance l'Émigration étrangère; on ambitionne de faire profiter le pays de son travail, de ses fonds, et, à cet effet, on cherche à la séduire, à la tromper même par les récits exagérés des avantages qu'elle trouvera ici. D'un autre côté, à peine cette Emigration commence-t-elle à compter en Algérie, que déjà l'on s'en inquiète, que l'on attire l'attention du Gouvernement sur ce fait grave, que l'on voudrait presque lui faire abandonner son attitude généralement libérale sur ce point.

A ceux qui sont partisans d'ouvrir sans restrictions les portes de l'Algérie à toutes les nationalités, nous dirons : — Conservez vos idées généreuses, car c'est là qu'est l'avenir de l'Algérie, l'intérêt de la France, la justification de sa conquête aux yeux de la civilisation, la marche qui lui est tracée par le cachet le plus glorieux de son caractère, son génie sympathique.

A ceux qui auraient des craintes, nous adresserons cette seule observation : Quel est le Français qui, dans ses rêves de grandeur nationale, n'ait caressé avec amour l'idée d'un agrandissement territorial, tel que, par exemple, les Provinces-Rhénanes; ce serait un accroissement de population, de force et de richesse pour la patrie. Eh bien ! nous avons ici plus que les Provinces-Rhénanes; nous avons ici un sol plus favorable, un pays beaucoup plus vaste, qui peut facilement être agrandi, et qui peut, en quelques années d'une bonne administration, défier, pour la population, la force et la richesse, les contrées les plus favorisées de l'Europe.

Dans une conquête européenne, on ne s'effraierait pas de se trouver en présence d'une population différente de mœurs, de langue, de race; d'une population compacte qui garderait son homogénéité, qui s'ouvrirait très lentement et seulement après un long contact aux idées françaises, qui regretterait longtemps peut-être son ancien drapeau. Toutes ces considérations n'effraieraient personne. Et comment donc pourrait-on s'effrayer du mélange de nationalités qui doit ici s'opérer sous notre direction. L'étranger n'est pas appelé ou retenu en Algérie par la contrainte; il y vient de bonne volonté, attiré chez nous par

des avantages que lui refuse son pays natal. Il y vient iso-
lé, inconnu, sans appui, sans relations, sans prétentions
nationales ; son drapeau, il l'a laissé dans sa patrie, et,
sur le sol algérien, il n'en voit qu'un, celui de la France.
S'il examine les populations, il voit des Arabes, des Juifs,
des Espagnols de toutes les variétés, des Italiens et des Allemands de tous les drapeaux, d'autres peuples encore, et
en plus grand nombre que chacun d'eux, des Français.
Entre tous ces peuples divers, il n'existe qu'un lien, et
c'est la France qui le forme ; il n'existe qu'une seule idée
prépondérante et commune, celle de la France.

Nous ajoutons, — et le fait est significatif et rassurant, —
qu'il n'existe parmi tous ces peuples qu'une seule tendance, celle de l'assimilation aux idées et aux mœurs françaises. Après plus de deux cents ans que l'Alsace est
à la France, après bientôt cent ans que la Corse est à la
France, ces pays ont à peine subi une transformation per-
ceptible dans les caractères qui forment l'individualité
d'un peuple : par la langue, par les idées, par les mœurs,
par le costume même, ils sont restés allemands et italiens.
En Algérie, il en est tout autrement ; à peine l'étranger
a-t-il passé trois ou quatre ans sur notre sol qu'il n'est
plus reconnaissable : il est aux trois quarts francisé, et ce
résultat s'obtient aussi bien dans la vie rurale que dans la
vie urbaine. Déjà il a jeté au loin à peu près toute sa
défroque des Sierras et des Calabres, l'Espagnol a relevé
son regard sombre et l'Italien sa tête baissée, et tous Allemands et autres peuples s'évertuent à parler et à comprendre le Français. Leurs enfants font un pas beaucoup plus
décisif, et l'on peut conjecturer qu'à la troisième génération
ils auront presque perdu le souvenir de leur origine, et qu'ils
ne se distingueront plus des Français que par leur position
légale. Or, c'est sur ce dernier point qu'il y a quelques
importantes mesures à prendre pour compléter la fusion
qui se prépare. Nulle nation ne sait aussi bien que la France,
par son génie sympathique, s'assimiler les races étran-
gères ; il est hors de doute qu'elle n'échouera pas lors-

que la mission est si aisée ; et l'on trouvera facilement la solution de cette difficulté incidente sans compromettre ni la liberté des étrangers, ni la dignité du titre de Français. Continuons donc d'agir suivant notre caractère traditionnel, sachons aussi ne pas porter atteinte à nos intérêts les plus clairs et acceptons avec empressement le concours de tous les peuples.

Il s'est formé aux Etats-Unis un parti qui, oublieux des services de l'Emigration européenne, prétend réserver aux seuls Américains le bénéfice des vastes terres de Colonisation que l'Union possède dans les déserts de l'Ouest. Ce parti, et il a été obligé de subir et d'accepter cette désignation, on l'appelle *Know-nothing* (qui n'y connaissent rien). Soyons aussi clairvoyants et aussi sages que les Américains. Et s'il en était parmi nous qui, par envie, égoïsme ou aveuglement, voulussent empêcher les étrangers de posséder ainsi que nous le sol algérien, nous leur dirions aussi *Know-nothing*, qu'ils n'y connaissent rien. Et l'Europe, confiante dans notre esprit de libéralité, regardera nos progrès avec faveur, et contribuera, à l'égal de la France, à notre force et à notre prospérité, en versant sur notre sol ses laborieuses populations.

Projets officiels. — Danger de l'accaparement des terres par les Indigènes.

Notre écrit était déjà terminé lorsqu'une circonstance imprévue nous a permis de nous instruire d'une manière un peu plus précise des projets et des vues qui préoccupent les esprits dans la sphère officielle.

Le Gouvernement va décidément essayer la vente des terres. Mais suivant les bruits connus du public, ces ventes ne seront probablement qu'exceptionnelles et ne s'appliqueront qu'aux terres qui ont atteint une certaine valeur. Cette dernière appréciation, nous l'avons déjà dit, est tout à fait arbitraire, car toutes nos terres ont une valeur ; et, nous ne voyons aucunement la raison qui pourrait enga-

ger l'Etat à vendre pour quelques centaines de mille francs
de terres d'un prix élevé, tandis qu'il continuera à donner en concession d'immenses territoires, de moindre
prix si l'on veut, mais qui représenteraient en somme une
valeur de plusieurs millions. Il est vrai que ce n'est qu'un
commencement. Il entrerait notamment dans la pensée du
Gouverneur-Général, qu'après une première expérience
destiné à apprécier les résultats, ces ventes seraient pour-
suivies de manière à suffire aux besoins des colons sérieux.
Nous savions déjà, d'après le bruit public, que le principe
seul vrai et fécond de la vente des terres avait définitivement triomphé dans l'esprit élevé et pratique à la fois de
notre premier fonctionnaire, et aussi dans l'esprit des autres
autorités principales. On dit également qu'à Paris, dans les
hautes régions officielles, la même faveur accueille le nouveau mode de Colonisation. Nous nous en félicitons. Mais il
y a loin d'une simple idée à une application systématique et
réglée. Or, jusqu'à présent et d'après les projets entamés, que
sommes-nous en droit d'attendre ? Nous sommes en droit
d'attendre non pas que l'on va commencer la Colonisation
sérieuse, efficace de l'Algérie; mais que dans un avenir qui
peut encore être reculé de plusieurs années on entreprendra
sérieusement cette tâche. Telle, est à notre sens, la triste
réalité.

Il est vrai que tout projet entamé peut, avant l'exécution, être modifié d'une manière plus avantageuse, et c'est
bien ce que nous espérons aussi pour ce cas. Nous espérons qu'à un moment où les esprits sont portés vers la
vente des terres, il sortira de l'élaboration de cette idée
un plan meilleur qu'une première appréciation n'a pu
tout d'abord en former. Nous espérons que la sagesse du
Gouvernement saura nous éviter l'écueil des demi-mesures, l'écueil de ces expériences imparfaites qui sont ensuite dressées contre les plus saines pratiques, et n'abou.
tissent qu'à faire chanceler les convictions les plus rationnelles.

Une première difficulté s'est bientôt produite. Il s'agissait des terres de l'Habra, province d'Oran. Pour accorder les prétentions diverses des usufruitiers, et imposer une volonté supérieure aux diverses administrations qui concouraient avec des idées différentes peut-être à la régularisation de ces terres, on a dû envoyer sur les lieux un délégué spécial chargé des pouvoirs du Gouverneur-Général. C'était le meilleur moyen d'activer les choses.

Mais nous en prenons occasion de dire que ce qui est praticable pour un cas restreint, moyennant perte de temps pour la Colonisation, serait tout à fait impraticable s'il s'agissait de fournir des terres aux besoins d'une Emigration nombreuse, c'est-à-dire s'il s'agissait de se livrer d'une manière incessante au travail de la régularisation des titres indigènes. Pour pouvoir commencer la Colonisation sérieuse, la première mesure à prendre c'est d'aviser aux moyens de rendre ce travail d'ensemble facile et permanent. C'est d'abord de créer des commissions d'examen multiples. C'est ensuite de confier la confirmation des travaux de ces commissions à un conseil, à une cour spéciale qui rendrait des arrêts définitifs sans avoir besoin de recourir à l'adhésion des autorités ordinaires. A ce sujet, nous rappellerons que rien dans les attributions de l'Administration en France, ne ressemble à cette œuvre immense qui doit s'opérer ici, et qui comprend le règlement, au nom du droit de conquête, de plusieurs millions de litiges et transactions. On ne doit donc pas supposer que l'Administration, procédant avec les lenteurs habituelles de la hiérarchie et de la centralisation, en outre de ses affaires ordinaires, puisse jamais suffire à celle-ci. Malgré ses efforts, elle s'est montrée jusqu'à présent tout à fait au-dessous de cette tâche. Pour la bien remplir, il faut créer une autorité spéciale, jouissant d'un grand pouvoir, et trouvant, dans la loi, les droits suffisants pour donner toute force légale à ses décisions. L'entreprise, que nous avons devant nous, est assez importante et assez exceptionnelle pour justifier ce moyen exceptionnel.

Le mode de vente aura-t-il lieu par soumissions cachetées suivant ce qui s'est déjà fait pour la vente de divers immeubles domaniaux, c'est ce que nous ne saurions dire, Nous espérons toutefois que s'il s'agit à présent, non d'une aliénation exceptionnelle, mais d'un système destiné à être reproduit sur une grande échelle, on adoptera un mode de vente plus pratique, et accessible aux ignorants comme aux habiles, aux agriculteurs comme aux spéculateurs ; qu'on adoptera notamment le mode si simple de vente aux enchères.

Le mode de paiement sera, selon probabilité, en capital et par annuités; on attend là-dessus la décision du Gouvernement. Nous formons encore le vœu que le Gouvernement rejette ce mode de paiement comme étant de nature à éloigner beaucoup de concurrents parfaitement sérieux, quoique peu fortunés, les acquéreurs les plus à désirer, c'est-à-dire les colons, les ouvriers de la terre; et, pour cela, nous croyons préférable la vente par rentes remboursables à une époque lointaine.

Le système des rentes assurera la culture des terres. Le paiement du capital, au contraire, en éloignant la concurrence, laissera tomber les terres à bas prix et permettra aux acquéreurs d'attendre sans perte, par le fermage indigène, la hausse des terres pour les revendre ; de telle sorte que le sol pourrait ainsi changer seulement de maîtres, mais non de culture ni d'habitants.

Une crainte préoccupe à juste titre l'Administration ; c'est que quelques riches indigènes eux-mêmes, et non des Européens, achètent les terres à vendre. En effet, les grandes fortunes, dans ce pays, sont presque exclusivement entre les mains des chefs indigènes.

Si donc l'on vend les terres au prix une fois payé du capital, si on les vend par très grands lots, il est probable que les chefs indigènes qui peuvent le mieux tirer de leurs terres un parti certain, se présenteront comme des compétiteurs redoutables.

Mais si les lots sont divisés, cette crainte est fortement diminuée, car celui qui compte ses possessions par milliers d'hectares et ses rentes par vingt et par cent mille francs, n'ira pas s'embarrasser de lots morcelés et enclavés au milieu des Européens; il ne pourra plus faire la grande culture et l'élevage, seuls modes d'exploitation appliqués par les chefs indigènes.

Il pourra, il est vrai, acheter plusieurs lots contigus; mais la chose ne sera pas sans difficultés. Ici, toutefois, le remède le plus sûr, c'est d'avoir recours au système des rentes. De cette manière, les terres, accessibles à tous, seront poussés plus haut et deviendront difficilement abordables pour les chefs indigènes qui font cultiver par seconde ou troisième main, et qui ne trouveraient pas dans les revenus de quoi couvrir les rentes.

Mais nous aborderons très rapidement d'autres appréciations. Nous sommes tenus, par le traité de capitulation et plus encore par notre caractère conciliant et tolérant, de respecter les lois civiles des Indigènes. Mais nous croyons que, sans aucune subtilité chicanière, nous pouvons imposer à nos terres domaniales telles conditions légales et perpétuelles qu'il nous conviendra : les Indigènes appliquent leurs lois entre eux et chez eux; les Français appliquent la leur sur ce qui leur appartient. Nous croyons donc qu'il convient de décider, comme une clause du cahier des charges, que les terres mises en vente par l'Etat seront exclusivement soumises aux lois et à la juridiction française, quels qu'en soient les acquéreurs; que toutes les affaires de transactions, d'héritages, etc., seront réglées uniquement par nos lois. Si, dans ces conditions, les Indigènes achètent nos terres, et l'acquisition devient alors pour eux moins séduisante, devons-nous nous en plaindre? Non ; nous devons peut-être même nous féliciter d'avoir amené des points de contact entre eux et nous, et de les avoir mêlés à nos mœurs et à nos lois.

Sans prétendre à une compétence spéciale, loin de là, nous avons aussi vu les Arabes de près, et le résultat de nos observations sincères est qu'ils sont dégradés plus par leur organisation sociale que par leur caractère propre, et qu'ils se relèveraient très vite s'ils étaient soustraits à la pression que cette organisation exerce sur eux. Que nous sommes loin de cette longue tirade d'épithètes injurieuses que leur ont appliqué des hommes cependant compétents. C'est qu'eux les avaient étudiés dans leur état de barbarie séculaire, et que nous, nous avons pu noter les changements amenés par un contact de quelques années avec les Européens. Et quoiqu'on en dise, ces changements sont énormes. Ils sont tels, que nous osons conclure sans hésiter que la population indigène forme, pour l'avenir de la Colonie, un contingent précieux de travail et de puissance.

Nous n'en sommes pas encore là ; mais comment y arriverons-nous ? Faut-il, comme le propose le capitaine Richard, aussi savant chroniqueur que peu judicieux politique, donner plus d'énergie aux liens de l'organisation sociale des Indigènes, dans le vain espoir qu'ainsi isolés, et par l'influence seule des lois peu à peu modifiées, on pourra changer leurs mœurs et les amener à nous ? Des siècles ne suffiraient pas à une telle œuvre. Ce qu'il faut, au contraire, c'est introduire dans la société des Indigènes des dissolvants qui les détachent, un à un, petit à petit, de leur corps social propre, pour les faire tomber dans le courant des lois et de la civilisation européenne. Arrivé à ce point, nous le disons sans crainte, le colon arabe ne vaut guère moins que le colon européen et vaudra, sous peu de temps, autant que celui-ci.

La question est très importante et très complexe ; mais, pour ne pas dépasser les bornes de cet écrit, nous ne l'envisagerons qu'à un seul point de vue.

Qu'avons-nous entendu dire il y a peu de temps ? Que l'Administration, après avoir réservé les terres de Colonisation, donnait aux Indigènes, pour le reste de leurs terres, un titre de propriété incommutable et *collectif*. Sans doute, nous avons mal entendu pour une partie au moins : car nous savons fort bien qu'il est aussi donné parfois aux Indigènes des titres incommutables et *individuels;* mais il

serait donc vrai que parfois, que souvent peut-être, ces titres sont donnés collectivement. C'est forger le fer qui doit
être tourné contre nous. Et après avoir préparé la machine
de guerre, on la redoute; on voudrait. par des moyens
indirects, en éviter les effets.

Les chefs indigènes sont très soumis à la France. Et
nous dirons, pour désigner d'un mot la grande page d'une
administration de cinq ans trop souvent méconnue, que
ce résultat est surtout dû à une politique bienveillante, mais
ferme et prévoyante, qui a rendu faciles d'importantes
conquêtes; qui, surtout, a su conserver et consolider, sans
effusion de sang et sans reculer d'un pas, toutes nos possessions et tous nos droits.

Les chefs indigènes, disons-nous, sont très soumis à la
France. Mais ils forment cependant un corps redoutable
qui doit attirer toute la sollicitude et les prévisions du Gouvernement. Est-ce seulement parce qu'ils sont riches et
quelques uns excessivement riches? C'est surtout parce
qu'ils sont très puissants, et que leur puissance n'est pas
seulement une émanation de notre puissance, mais une
conséquence de l'organisation intime de la société arabe.
Les chefs indigènes, officiels ou non officiels, représentent
d'une manière identique la personnalité des seigneurs
féodaux. La raison en est surtout, non dans leurs droits
formels ou coutumiers, mais dans la prépondérance nécessaire qu'exerce leur fortune sur le troupeau d'hommes
faibles et pauvres qui se trouvent rivés les uns aux autres
par l'organisation compliquée, douteuse, collective de la
propriété. Divisez le troupeau, tirez-en des hommes, don-
nez à chacun l'indépendance du foyer, ils cesseront d'être
des vassaux, ils seront des hommes libres soumis aux lois.
Et leurs chefs cesseront d'être des seigneurs féodaux, pour
n'être plus que des hommes riches et des fonctionnaires
français. Pour atteindre ce résultat, il faut non pas serrer le
collier en donnant des titres collectifs de propriété, mais
au contraire pénétrer dans chaque douar pour trancher
l'inextricable nœud de la propriété indigène, pour attri-

buer à chacun sa part, pour donner à chacun un titre incommutable avec facilité de vendre à qui il veut, sans distinction de religion ou d'habit. Cela fait, et le contact de la Colonisation européenne aidant, nous sommes en droit de dire que, dans un temps peu éloigné et certain, nous aurons ici près de trois millions de colons parfaitement sérieux. C'est ainsi et non autrement, que nous permettrons à la civilisation européenne de pénétrer dans la société arabe ; c'est ainsi, et non autrement, que la religion chrétienne, qui doit parfaire l'œuvre, pourra enfin s'établir sans contrainte à la suite de la civilisation et planter la croix sur les marabouts les plus vénérés des musulmans.

On opposera à cette transformation des Indigènes et à cette diminution d'autorité de leurs chefs, l'influence si souvent affermie de la noblesse de naissance. En vérité, si nous ne puisions notre force dans une conviction sincère et raisonnée, nous tremblerions de nous inscrire contre cette assertion. Et pourtant nous dirons que la noblesse est très peu de chose aux yeux des Indigènes : que tout au plus, et dans des cas rares, si elle suffit seule et sans appui à assurer quelques déférences à ceux qui en sont revêtus. Ce qui est beaucoup aux yeux des Indigènes, c'est la richesse ; et non pas pour la richesse elle-même, mais surtout pour les pouvoirs qui découlent de la richesse par suite de l'organisation de la propriété parmi eux. Quel est le parvenu indigène qui ne soit traité de très grand et très noble par ses sujets ? Est-ce parce qu'il lui suffit d'être riche et puissant? Ou bien est-ce aussi, comme nous le croyons, parce que tout Arabe cache sous son burnous troué la généalogie la plus illustre qu'il produit audacieusement quand la fortune lui sourit? La puissance et la richesse sont tout, la noblesse n'en est qu'une émanation. C'est ainsi qu'après la longue lutte des patriciens et des plébéiens, la noblesse à Rome s'attachait indifféremment aux familles de l'un et de l'autre ordre ; c'étaient les magistratures curules de la République qui anoblissaient les familles. L'histoire de l'Urient nous montre à chaque page des porteurs d'eau, des valets de bain, des esclaves s'élever aux premières dignités et ceindre le turban des grands seigneurs. Il n'en est pas autrement ici, et l'on a pu voir plus d'une fois un chevrier, un serf arabe, grandi par les événements, mettre le pied sur un descendant du Prophète.

Récapitulation.

—

Nous rappellerons ici, pour préciser nos conclusions, les diverses mesures que nous réclamons dans cet écrit.

Réduction de toutes les rentes des concessions anciennes au chiffre uniforme de 1 franc par hectare, conformément à la justice et à la parole du *Moniteur universel*.

Suppression immédiate de toute concession de gré à gré.

Vente de toutes les terres de Colonisation par la voie exclusive de l'enchère publique.

Remise immédiate aux acheteurs du titre définitif, sous la réserve en faveur de l'Etat, pendant trois ou cinq ans seulement, de pouvoir, avec peu de formalités, exproprier ses débiteurs insolvables.

Annulation des conditions de bâtir, défricher et cultiver.

Etablissement, sur les terres vendues, d'un impôt de surface uniforme de 3 francs par hectare.

Vente des terres à rentes qui ne pourraient être remboursées en totalité avant cinq ans et devraient l'être après dix ans.

Etablissement de nombreuses commissions d'examen chargées de rayonner autour de leur résidence pour vérifier les titres des Indigènes, fixer la part de chacun, leur délivrer des titres définitifs individuels, et pour allotir et faire la désignation des terres de Colonisation.

Etablissement d'une cour spéciale chargée de réviser, s'il y a lieu, et de donner force de loi aux travaux des commissions d'examen.

Remettre le recouvrement des créances de l'Etat aux mains d'une administration purement fiscale, comme cela se pratique en France, et. dépendante du ministre des finances.

Imposer aux terres domaniales à vendre le ressort exclusif de la législation et de la juridiction françaises.

Telles sont les importantes mesures que nous signalons à l'attention du Gouvernement ; et si elles sont appliquées avec persévérance et fermeté, nous répèterons avec pleine confiance notre épigraphe :

« Après dix ans de persévérance dans de sages mesures, la France aura ajouté vingt départements à son territoire. »

FIN.